华章大历史

放宽历史的视界

Ⅰ.中文简体字版©2022年,由重庆出版社出版。

Ⅱ.本书由三民书局股份有限公司正式授权,经由凯琳国际版权代理,北京乐律文化有限公司与重庆出版社出版中文简体字版本。非经书面同意,不得以任何形式任意重制、转载。

版贸核渝字(2022)第143号

图书在版编目(CIP)数据

公主之死:你所不知道的中国法律史/李贞德著.—重庆:重庆出版社,2022.9

ISBN 978-7-229-17064-6

Ⅰ.①公… Ⅱ.①李… Ⅲ.①法制史—中国—通俗读物 Ⅳ.①D929-49

中国版本图书馆 CIP 数据核字(2022)第 148147 号

公主之死:你所不知道的中国法律史

李贞德 著

出　　品：	华章同人
出版监制：	徐宪江　秦　琥
特约策划：	乐律文化
责任编辑：	李　翔
特约编辑：	曹福双
责任印制：	杨　宁　白　珂
营销编辑：	史青苗　刘晓艳
封面设计：	今亮後聲 HOPESOUND·欧阳倩文

重庆出版集团
重庆出版社 出版

(重庆市南岸区南滨路162号1幢)
三河市嘉科万达彩色印刷有限公司　印刷
重庆出版集团图书发行公司　发行
邮购电话:010-85869375/76/78 转 810

重庆出版社天猫旗舰店
cqcbs.tmall.com

全国新华书店经销

开本:880mm×1230mm　1/32　印张:5.75　字数:90千
2023年1月第1版　2025年3月第11次印刷
定价:49.80元

如有印装质量问题,请致电023-61520678

版权所有,侵权必究

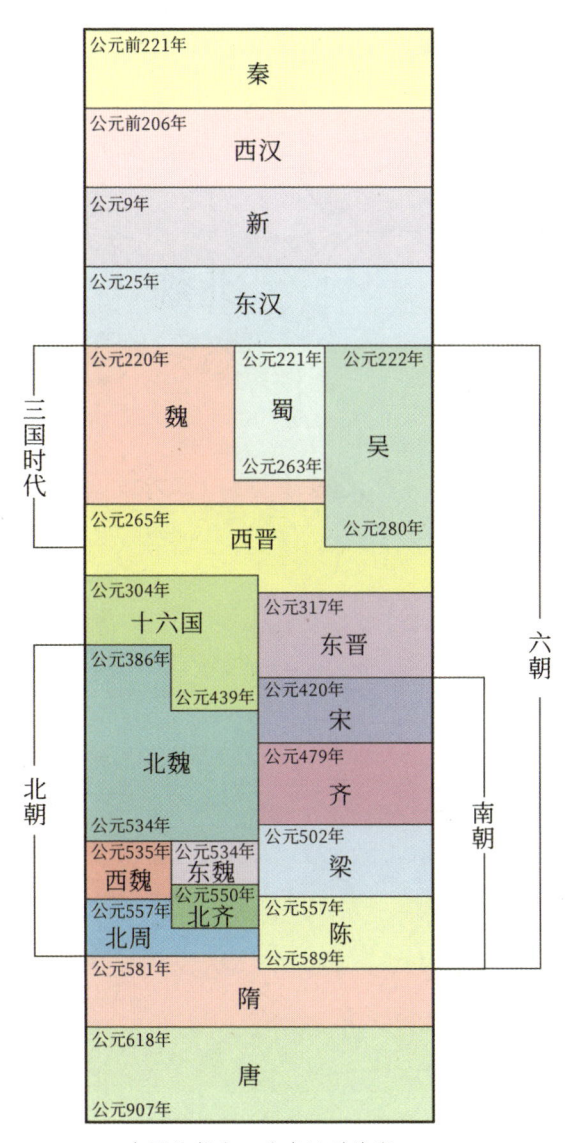

公元前221年	秦
公元前206年	西汉
公元9年	新
公元25年	东汉

三国时代：
- 公元220年 魏
- 公元221年 蜀（公元263年）
- 公元222年 吴

公元265年	西晋（公元280年）
公元304年	十六国
公元317年	东晋
公元386年	北魏
公元420年	宋
公元439年	
公元479年	齐
公元502年	梁
公元534年	
公元535年	西魏
公元534年	东魏
公元550年	北齐
公元557年	北周
公元557年	陈
公元581年	隋（公元589年）
公元618年	唐
公元907年	

北朝、南朝、六朝

中国的朝代：从秦汉到隋唐

南北朝初期形势图

东晋《女史箴图》（部分）

东晋《女史箴图》"同衾以疑"

北魏屏风漆画《列女古贤图》"有虞二妃"

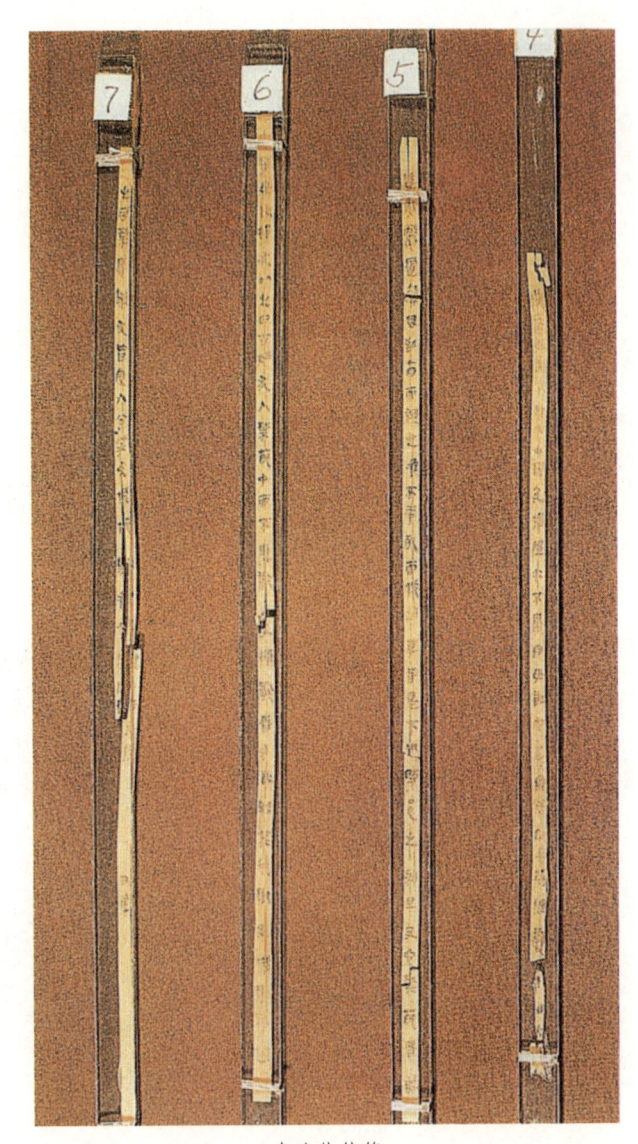

秦法律竹简

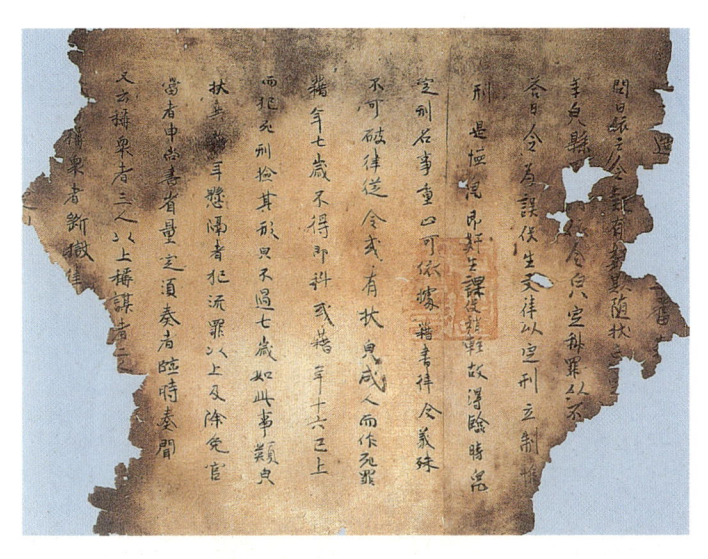

《唐律疏议》残片

武则天想象图

唐代戴帷帽骑马仕女泥俑

歌訣

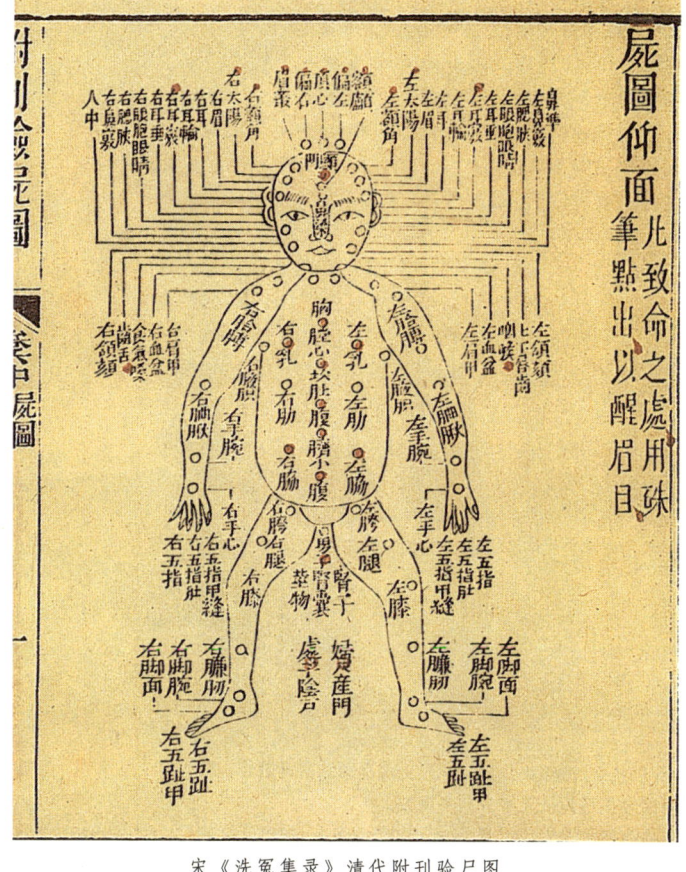

仰面傷痕十六方
頂心左右顖門當
額角顱頭并太陽
耳竅咽喉兩乳胸膛心肚腹
臍同肋脇更須詳
腎囊有子看雙獨
婦女陰門悲暗傷

宋《洗冤集錄》清代附刊驗屍圖

妻妾成群。电影《大红灯笼高高挂》场景所在，山西民俗博物馆

李贞德————著

公主之死

你所不知道的
中国法律史

重慶出版集团 重慶出版社

再 版 序

《公主之死》终能再版,始料未及,喜出望外,回顾前瞻,简志如下。

小书自2001年问世,幸蒙读者青睐,方得七刷。其间,曾两度出版简体字本,又获日韩同道翻译推介,始能跨境分享。二十年来本书探讨的古史课题,相关论著层出不穷。为免愧对读者,再版之议,不曾间断,修订之想,未尝或忘。2012年六刷前夕,正值父亲逝世三周年,斩衰之期已尽,蓼莪之思未减,原拟以再版新册聊表怀念于万一,无奈杂务牵拖,功亏一篑。而今八载已过,再度勉力为之,实乃不得不然。

拙作初衷,源自现实关怀,台湾社会变化多端,学者反思,责无旁贷,检视最新发展,才好持续古今对话。然而,推广普及，仍需研究先行。小书之作，奠基于史语所前辈坚实之学术成绩，此由征引书目一览便知。近年来，所内青壮，踵武相继：刘欣宁考察秦汉律令反映之妇女、婚姻与家庭情况，郑雅如则钻研北魏皇后、皇太后建制之社会文化背景。一位倾全力掌握出土材料，修正成说；另一位批判性地精读传统文献，提出新解。两位发表的意见，都是汉唐之间性别与法律的研究者所无法忽视的。

此次修订再版，确因后浪前推。环顾周遭，才人代出。欣慰恐不好说，兴奋在所难免。谨将此序献给史语所的未来！

李贞德
2020年10月于温州街

目 录

── 楔子 / 1 ──

古今异同 / 5
修正"民法"亲属编 / 7
专制皇朝与父系伦理法制化 / 13

── 第一章 悲剧发生了 / 17 ──

驸马通奸,公主流产 / 20
父系家族伦理 / 25
为罪人辩护 / 30
抗议驳回 / 34
悲剧的启发 / 35

——第二章　不伦之恋：通奸的罪与罚 / 37——

奸夫之刑 / 40

以妒防奸，另类妇德 / 46

淫妇之罪 / 51

——第三章　家丑不外扬：婚姻暴力与妇女地位 / 60——

以《斗律》处罚暴力 / 62

男性暴力 / 64

法律程序：验伤、保辜与"非公室告" / 69

女性暴力 / 74

南北有异 / 77

谁是我的母亲 / 84

男女有别 / 86

---第四章 生为夫家人，死为夫家鬼：法律中女性的夫家认同 / 88---

容隐 / 89

族刑与连坐 / 91

离婚避祸 / 96

出嫁从夫 / 100

同情女弱 / 102

---第五章 牝鸡司晨？女人当家！/ 110---

皇权与司法 / 111

从内朝到外朝 / 114

法律世家 / 116

鲜卑女性 / 122

女主政治 / 127

灵太后的崛起与作为 / 132

武则天的改革 / 135

余论 / 142

观察历史 / 144

联想现代 / 147

参考书目 / 151

图片出处 / 157

楔 子

东晋谢安的夫人刘氏，不让谢安纳妾。谢安的侄儿、学生便拿《诗经·螽斯》篇来请教刘氏，并且趁机表示："正因为螽斯这种昆虫有不妒忌的美德，所以才能多子多孙。"刘氏一听，知道他们是在嘲讽自己，便问："这首诗是谁写的？"他们回答："周公！"刘氏于是说了一句千古名言：

　　周公是男子，相为尔，若使周姥撰诗，当无此也。

谢安是公元四世纪末东晋的名相，淝水之战时，他坐镇京师，指挥若定，击败前秦苻坚的势力，巩固了汉人在南方的统治，因而留名青史。史书记载他喜好声乐，每次出游，经常以歌姬相伴。久而久之，就有了纳姬为妾的念头。他的侄儿、学生体贴他的心意，便向刘氏进

《东山携姬图》(明·郭诩绘)

东晋名相谢安喜好声乐,出游常以歌姬相伴。虽然他想纳姬为妾,夫人刘氏却不允许

行游说。谁知刘氏一口道破他们游说的基础，认为如果是周婆作的诗，根本不会鼓励纳妾。

这个故事记载在公元五世纪刘宋时代的一本小书《妒妇记》①之中。二十世纪初的学者在研究时，曾经主张这是无稽之谈：一方面，自古以来没有人说过《螽斯》这首诗是周公作的；另一方面，刘氏出身名门，不可能说出对古圣先贤这么不敬的话。学者猜测，可能是由于刘氏不让谢安纳妾，以妒忌闻名，因此当时的人杜撰了这个故事，作为玩笑之用。

话虽如此，在二十一世纪的今天，这个故事却甚具启发性。一方面，它暗示了魏晋南北朝妒风炽盛，当时的人也了解妇女可能不同意男性的观点，而对传统的礼乐制度别有看法。另一方面，它也提醒今天的读者注意，历史上的政治制度、社会规范、伦理价值，以及记载这些标准的叙述书写，是从谁的视角和位置发言。倘若周婆也有制礼作乐的机会，她发表的成果会和周公一样吗？这本小书要问的，就是这个问题。

---

① 《宋书·后妃传》云，"使近臣虞通之撰《妒妇记》"，但《隋书·经籍志》则录著《妒记》六卷，这是二者歧义的根源。而书名应以后者为是。盖《宋书》本意只说让虞通之写一本纂集妒妇事迹的"记"体著作，隋志则是最后确定的书名。所以自鲁迅先生辑佚以来，都是以《妒记》为名的。——编者注

古今异同

从刘氏的时代，甚至更早，到二十世纪初年，纳妾都是中国婚姻制度中的一环。虽然在西方人的眼中，中国人似乎是一夫多妻，然而，对中国人而言，这种婚姻形态，在实际上固然是一男多女，在礼法上却是一夫一妻多妾的制度。理论上，"妻"在家中的地位独一无二，远高于妾，以至于传统礼经中有所谓"妻者，齐也"的说法，认为"妻"与"夫"匹敌齐等。不过，这其实是在说明"妻"与"妾"的地位差距甚远，"妻"的法律地位比较靠近"夫"，而"妾"则不可同日而语。倘若不讨论妻妾，反过来比较夫妻之间关系的话，那么，从"夫"是妻妾地位的判准这个事实，就可以窥知"夫"地位之高了。也就是说，古代礼法是以丈夫和他的家族为中心，来设计并且规范家庭成员，包括妻妾和其他人之间的关系的。

帝制崩解，民国成立之后，中国婚姻法律的规定中已经没有"妾"这种名分的人了。虽然在现实生活中，仍有"细姨""午妻""二奶"之类的女性存在，但在法律上，她们的男人并不能名正言顺地将她们以"妾"的身份娶入家门，成为"偏房"或"侧室"。反过来说，如果这些男人的妻子得知有其他女人的存在，倒是可以通过法律的手段，控告丈夫"通奸"，以及这些女人"妨害家庭"，然后要求判刑、赔偿或离婚。有的学者认为，这种夫妻之间应该互相守贞、彼此尊重的观念，在中国历史上一直有迹可循。话虽如此，将"一夫一妻无妾"的理想法制化，恐怕主要还是西风东渐的结果。

尽管一夫一妻的婚姻理想从民国初年以来，就逐渐纳入法律之中。不过，法律对于婚姻的规范，并不限于配偶的人数而已。自古以来，配偶之间的相对位置、权利义务、个人和配偶本生家庭之间的亲戚关系，也一直是中国法律所关心的课题。前面说过，古代礼经以丈夫和他的家族为主轴，来设计并规范其中成员的关系。这种现象，在民国之后的法律中，仍随处可见。其中最严重的，恐怕就是"民法"①亲属编中对于已婚妇女的限制了。"民法"亲属编在1985年时曾经作过重大修改，以便照顾妇女的权益。然而，在多年来施行的经验中，仍发现不少条文会陷妇女同胞于困顿难堪之境。而台湾妇女团体长期以来推行的重要运动之一，正是企图修改这种现象。

---

① 本书提及"民法"均为台湾地区有关规定。——编者注

修正"民法"亲属编

1946年12月25日，国民大会通过的《中华民国宪法》第七条规定："中华民国人民，无分男女、宗教、种族、阶级、党派，在法律上一律平等。"这一规定仍被台湾地区所沿用。然而，若仔细查考1985年修正后的各种法律条文，却会发现有些法律明显违背平等权，以至于妇女在自由权和财产权等方面受到限制。

在居住权方面，例如，"民法"第1001条规定："夫妻互负同居之义务，但有不能同居之正当理由者，不在此限。"这条规定本来没有什么不妥，但配上1985年修正完成的"民法"第1002条就出问题了："妻以夫之住所为住所，赘夫以妻之住所为住所。但约定夫以妻之住所为住所，或妻以赘夫之住所为住所，从其约定。"也就是说，除非是招赘，或者有办法说服丈夫同意自己所选择的住所，否则，女性一旦结婚，便失去了居住和迁徙的自由。

其实，恋爱结婚，两情相悦，什么都好商量。不幸的是，人生有可能好景不长，这两条规定就给了负心男子操弄法律的机会。在实际的案例中，就有男人离开了原先的住所，搬去和情妇同居，然后要求妻子前来同住。妻子倘若不能或不愿前往，男人就可以用以上的规定，再配合其他条文，控告妻子"恶意遗弃"他，从而向法院诉请离婚。另外，也有妻子因为受不了丈夫的长期殴打而逃家，丈夫也可以用以上的条文向法院起诉，要求妻子回来同住。如此一来，这些"嫁鸡随鸡，嫁狗随狗"式的条文，便成了限制已婚妇女居住和迁徙自由的紧箍咒。

在财产权方面，台湾地区按照所谓"民法"的规定，一个人只要满二十岁或者已经结婚，就可以具有完全的行为能力，以自己的意思来决定如何处理自己的财产。然而，修订前的所谓"民法"第1005条却规定，男女结婚时，如果没有以契约的方式约定夫妻之间是采用分别财产制，还是共同财产制，那么，这对夫妻就要依法适用法定夫妻财产制，也就是联合财产制。依照第1017条规定，联合财产制中夫妻各自保有自己财产的所有权。但是第1018条却又规定"联合财产制由夫管理"；另外第1019条则规定"有管理权之夫，对于妻之原有财产有使用、受益之权，但收取之孳息于支付家庭生活费用及联合财产之管理费后，如果剩余，所有权仍归属于妻"。此外，丈夫甚至可以依第1020条的规定，为管理上的必要，进一步处理妻子原有的财产。

其实，现实生活中，有不少家庭是由妻子经营一家的财务，处理全家的财产，并且夫妻感情好的时候，谁都不会去计较或争论财产的问题。可惜的是，天有不测风云，人有旦夕祸福，当情由浓转淡，义也由厚转薄，以上的这些条文，就成了贪利丈夫运用法律蚕食鲸吞妻子财产的机会。相对而言，尽管在日常生活中，妻子可能节衣缩食、惨淡经营，也可能钥匙、存折一把抓，大权在握，但不论是哪一种情形，在法律上，都没有和丈夫相同的地位和保障，以致在婚姻不如意的时候，往往还要遭受财产权益方面的损失。

男女结婚，成为夫妻，倘若生育，则是父母。虽说孩子是两个人的，父母都应负起养育之责，但在法律规定上，父母的权利却不相当。1985年修正完成的所谓"民法"，其中第1089条中就有规定："对于未成年子女之权利义务，除法律另有规定外，由父母共同行使或负担之。父母对于权利之行使，意思不一致时，由父行使之。"另外，当时的"民法"第1051、第1055条也规定："两愿离婚后，关于子女之监护由夫任之，但另有约定者，从其约定。""判决离婚后，关于子女之监护，适用第1051条之规定。但法院得为其子女之利益，酌定监护人。"

其实，夫妻好合，生育爱的结晶，诚然是人生一大乐事。悲哀的是，人生不如意事十之八九，当夫妻反目成仇的时候，儿女也可能变成谈判的筹码或报复的工具。倘若母亲对子女爱不忍舍，那么不论是在情感上，还是在权益上，就很容易受到伤害。在实际的案例中，不少妇女在面对破碎婚姻的时候，为了取得对子女的监护权，只好放弃对丈夫请求其他权益，如原有财产之取回权、赡养费之请求权和损害赔偿之请求权，等等。

前面说过，"民法"亲属编在1985年时曾经大幅修改，但从以上的条文就可以知道，由于"夫为妻纲"的思想残存，台湾地区的女性权益并未在法律上获得完全的保障。修法之后的十多年间，妇女团体仍致力于改革各种不平等的法律，有时由女性法学专家研拟新的条文，有时通过台湾地区法务主管部门的讨论，然后借由女性民意代表的协助，将修正条文排入立法机构的议事程序之中，其中挫折与奋进的历史，或许可以用屡败屡战来形容。

好不容易，终于在1994年9月23日，大法官会议对于原来的"民法"第1089条作出了决议，认为其不符合男女平等原则，主张废弃，并要求立法机构重新订立条文。这个发展，可以说是推动修法以改善女性家庭地位十多年来，初尝成果，乍见曙光。接着从1996年起，立法机构陆续通过法案，或者增订，或者修正，或者删除原先的条文，解除对女性同胞不公平的待遇。

到二十世纪的最后一年时，台湾地区的法律终于规定：夫妻结婚时，可以保有各自的本姓，妻子不必再冠夫姓；夫妻之住所，由双方共同协议决定，不再以夫之住所为准；父母对未成年子女的权利义务相当；女性离婚之后，不必再等半年才得再婚，等等。随后，在妇女团体的持续努力下，台湾地区的立法机构终于在2002年通过夫妻财产分开制，以男女个人而不以婚姻状态来判定财产的归属。女性的财产所有、使用和受益权，再也不必因成为人妻而遭受切割或毁损。2007年，在众声喧哗之中，"民法"亲属编第1059条通过修订，子女的姓氏不再强制从父，而是由父母约定，可说是千百年来的大变局。

有趣的是，作为成功先锋的"民法"第1089条修正案，其中所涉及的，主要不是女性作为妻子，而是作为母亲的困境；原条文所直接限制的，不是女性作为妻子，而是作为母亲的权利。"母权"究竟是不是"女权"，或者两者之间究竟是什么关系，这个问题曾经在欧美的妇女运动中引起争议。在女性主义的历史研究中，"母权"也曾经被视为"父权"的代表或分身而引起质疑。

第1089条修正之前，"儿童福利规定"已先在1993年修正通过。其中，为了替婚变家庭的子女寻求最好的出路，法条就曾规定："父母离婚者，法院得依职权、儿童之父母、主管机关或其他利害关系人之声请，为儿童之利益，酌定或改定适当之监护人、监护之方法、负担扶养费用之人或其方式，不受'民法'第1051条、第1055条、第1094条之限制。"也就是说，从儿童福利的角度出发，进而矫正了原来法律中"父尊母卑"的缺陷，同时为第1089条的修正铺路。女人因为母亲的身份，优先受到法律的重视和保障，不论是放在台湾地区多年来妇女运动的脉络中，还是放在传统中国礼法变革的脉络中，都是一件耐人寻味的事。

今天台湾地区"修法"改善妇女地位，主要由妇女团体推动，学者专家建言，台湾地区法务主管部门研拟，立法机构通过施行。其中关节，环环相扣，若不面面俱到，就难以水到渠成。在古代中国，谁是那个"妇女团体"，谁又是所谓"学者专家"？而谁掌握着立法、修法、司法的大权呢？刘氏不让谢安纳妾，便以她的机智幽默，四两拨千斤地驳回了谢安侄儿、学生的试探。但是在礼法上，谢安是有权纳妾的，如果刘氏要"修法"，釜底抽薪，她该找谁呢？一个男人若认为母亲的地位不宜高过父亲，或一个女人认为妇女地位应当再加提升，他们会采用什么方法或手段呢？这本小书，也想回答这些问题。

专制皇朝与父系伦理法制化

在传统中国，落实婚姻和家庭规范的机构主要是专制皇朝，而它所实践的婚姻和家庭伦理，则主要由儒家的经典所提供。在过去一百多年的历史研究中，传统中国社会常被视为单一的儒家道德社会，而握有法律生杀大权的专制皇朝，则被视为"自动自发地"为"天经地义"的儒家化历史推波助澜。没错，前面我们讨论现今台湾地区的法律时，仍然能够看到传统儒家父系家族伦理的倾向。然而，中国的历史实在太长，其中的演变发展，不可一概而论。即使是在两千多年的专制皇朝中，父系伦理的内涵、法制化的程度，以及施行的状况，也因时因地而异。更有趣的是，刘氏所处的那个时代，虽然正是这套父系伦理法制化的重要阶段，但这与当时的专制皇朝所采取的行动并不一致。

这本小书所要讨论的，主要是汉唐之间的历史，集中在三世纪到七世纪之间，也有学者称之为中国的中古时期（参彩页1"中国的朝代：从秦汉到隋唐"）。就父系伦理法制化一事而言，这段时间内的专制皇朝，并没有足够的力量来实践它所认可的伦理规范。分裂近四百年之久的魏晋南北朝之中，没有任何一个政权可以

荆州古城

荆州即今湖北省荆州市，位于长江边上，在魏晋南北朝分裂对峙的四百年间，一直是兵家必争之地

宣称"普天之下，莫非王土；率土之滨，莫非王臣"。在北方，五胡陆续称霸，个个力求永续发展；在南方，汉人政权也不断兴衰更迭，对社会结构产生影响。因此，不要说是各个政权对婚姻和家庭伦理的观念或有差别，即使是在同一个朝廷之上，不同出身背景的政治人物，都可能有歧异的看法。其中所涉及的问题，不仅在于专制皇朝是否有意通过法律制度推动儒家伦理，也在于，第一，哪些婚姻和家庭伦理被纳入法律规范之中；第二，儒家伦理法制化的过程是如何进行的；第三，谁是专制皇朝的代表和统治权威。

这本小书尝试利用公元六世纪的一个法律案件作为引子，来回答以上三个问题。这个悲惨的案子，在历史记载中，有时被简称为"刘辉案"或"殴主伤胎案"，主要是关于北魏兰陵长公主在怀孕时，遭驸马刘辉殴打流产的事件。由于公主和驸马的争执，起因于驸马的婚外情，而在审判驸马和他的情妇时，又牵涉到情妇的兄弟们是否知情不报，因此整个案子可以说包括了通奸、婚姻暴力和连坐等各种问题。而这些问题全部都涉及传统儒家的婚姻和家庭伦理。为了形成判决，参与的法官们各自引经据典，说明自己的主张，最后却是由摄政的皇太后决定了裁判的结果。从他们的共识和歧异之处，可以一窥北朝的胡人政权在哪些部分继承了汉代以来的伦理观念和法学传统，而又在哪些部分岔了出去。

以下，就先来看看整个事情是怎么发生的。

壹

第一章

悲剧发生了

公元六世纪的历史学家魏收,在他所撰写的《魏书》中记录了一件刑案。这个案子牵涉到北魏兰陵长公主和她的驸马刘辉。

北魏是游牧民族鲜卑人拓跋氏所建立的王朝,从公元四世纪开始在北方发迹,东征西讨,削弱或消灭了其他游牧民族的力量。之后,又经过五世纪时孝文帝的汉化政策,迁都洛阳,到此时北魏已经在中原统治数十年了。兰陵长公主是孝文帝的女儿、宣武帝的二姐,也就是宣武帝的继任者孝明帝的姑姑(参表"北魏皇帝世系")。根据古代宫廷的规矩,皇帝的女儿受封称为公主,皇帝的姐妹则称为长公主。兰陵的故事发生时,已经是宣武帝和孝明帝相继即位的时代,因此《魏书》称她为长公主。而刘辉则是从南方叛逃而来的将军刘昶的次子。刘昶原来是南朝统治者刘宋皇室的成员,因为宫廷内斗遭到牵连,只好北奔。他率领随从军队投靠北魏,带来了人力、

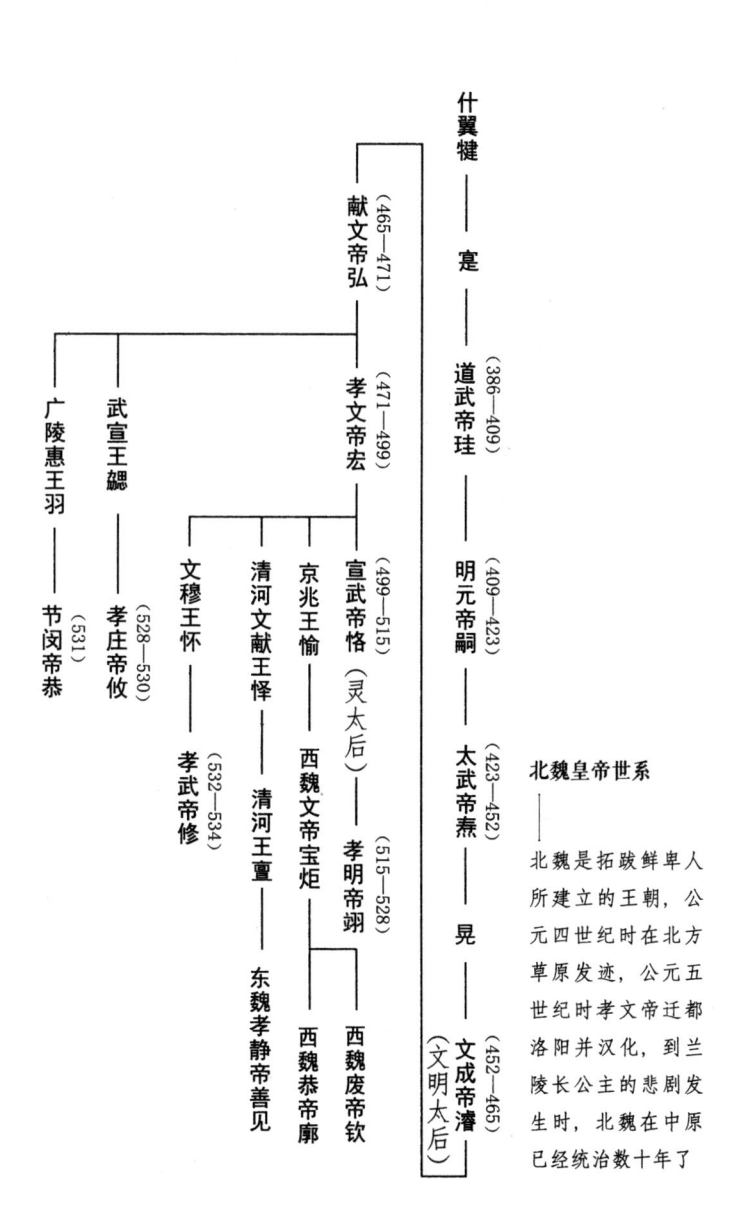

北魏皇帝世系

北魏是拓跋鲜卑人所建立的王朝，公元四世纪时在北方草原发迹，公元五世纪时孝文帝迁都洛阳并汉化，到兰陵长公主的悲剧发生时，北魏在中原已经统治数十年了。

什翼犍 —— 寔 —— 道武帝珪(386—409) —— 明元帝嗣(409—423) —— 太武帝焘(423—452) —— 晃 —— 文成帝濬(452—465)(文明太后) —— 献文帝弘(465—471) —— 孝文帝宏(471—499)

孝文帝宏 ——
- 宣武帝恪(499—515)(灵太后) —— 孝明帝诩(515—528)
- 京兆王愉 —— 西魏文帝宝炬 —— 西魏废帝钦
- 清河文献王怿 —— 清河王亶 —— 西魏恭帝廓
- 文穆王怀 —— 孝武帝修
- （另）—— 东魏孝静帝善见
- 武宣王勰(528—530) —— 孝庄帝攸(531)
- 广陵惠王羽 —— 节闵帝恭

物力，于是受到北魏朝廷的封爵，维持着贵族的身份，世子刘辉乃得以婚娶公主。不幸的是，这却是一桩以暴力和死亡收场的婚姻。

驸马通奸，公主流产

兰陵长公主和刘辉大约是在公元500年，宣武帝即位初期成婚的。据说长公主非常好妒，无法忍受刘辉有其他女人。按照魏收的说法，她曾经处死了一名与刘辉亲热而怀孕的婢女。由于妒忿难消，她甚至将婢女开膛剖肚，取出胎儿，塞入草料，再送回给刘辉。刘辉震惊之余，决定再也不理公主。两人之间冷战热吵，情况恶劣，终于闹到摄政的灵太后之处。灵太后本姓胡，原本是宣武帝的妃子，因为生育太子（就是后来的孝明帝）而平步青云。当太子以六岁之龄即位，灵太后便以摄政名义临朝称制，成为实际上的掌权者。灵太后派人调查自己小姑子和姑丈的相处情形，得知两人水火不容，于是决定削除刘辉的爵位，下令两人离婚，原因是：两人已经没有理由再做夫妻，这时距离他们新婚已有十五六年之久了。

然而，一年之后，可能是出于长公主的请托，一个

战马壁画

南北朝时双方政权对峙,有时交战,有时招降收纳对方的军队和物资。刘辉的祖父刘昶本是南朝刘宋的皇族,在宫廷内斗之后叛逃到北魏

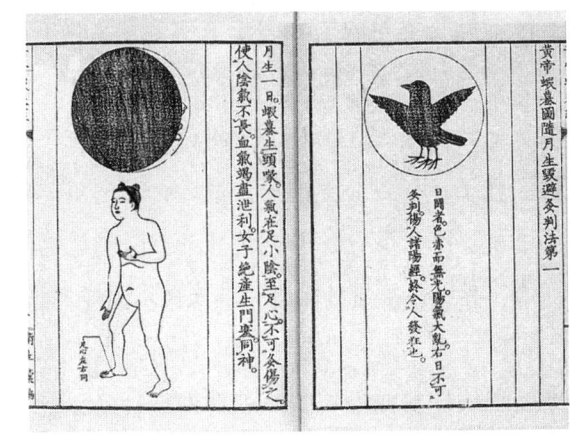

日斗禁灸

古人视怀孕为大事,为了保护胎儿,孕妇除了必须调节身心饮食之外,不能随便针灸,医书中也会警告何时禁止针灸。但兰陵长公主怀孕期间,不但心情没有受到重视和照顾,还因为与刘辉争吵而被推到床下践踏,最后流产而死

掌权的宦官和一位当年主持调查的皇族大臣共同向灵太后提出建议，让长公主与刘辉复合。灵太后原先担心长公主本性难移，两人婚姻状况无法改善，因此不表同意。然而，禁不起宦官和大臣再三请求，太后终于首肯，并且亲自护送长公主出宫，提醒她日后千万要小心行事。

大约在公元519年前后，公主怀孕了。以当时北方贵族女性平均十七岁结婚算起来，三十多岁的长公主已经算是高龄产妇了。然而，刘辉却在此时与平民张智寿的妹妹张容妃以及陈庆和的妹妹陈慧猛有染。据说公主原先试图忍气吞声，睁一只眼，闭一只眼。然而，她身旁的女性亲友纷纷为她表示不平。公主终于按捺不住，和刘辉再起冲突。两人想必是在床上争执，因为根据《魏书》记载，刘辉在愤怒之中将公主推到床下，又用脚踩她的肚子，导致公主流产，最后终于伤重不治。刘辉畏罪潜逃，张、陈兄妹四人被捕下狱。朝廷随即悬赏捉拿刘辉，并宣布奖赏的额度和捉拿谋反大逆罪嫌一样。

就在公主流产之后、过世之前，当刘辉还在逃亡的期间，朝廷就如何审判并惩处刘辉、张容妃、陈慧猛以及她们的兄长，展开了一场激烈的辩论。辩论的双方，一方是坚持断狱判刑应该以父系家族伦理为标准的汉人和汉化官僚集团，以尚书三公郎中崔纂为代表；另一方则是维护皇权、保护公主的势力，表面上是门下省的官员，背后应该是灵太后的意志。

门下上奏，主张刘辉和张容妃、陈慧猛都应被处以死刑，而她们的兄长预知奸情却不加防范，应流配敦煌为兵。皇帝有诏，核准门下所奏，只是将张容妃和陈慧猛由死刑改为"髡鞭付官"（"髡"读作"昆"），也就是剃了她们的头发、鞭笞之后送入官中做奴婢。尚书三公郎中崔纂立刻表示反对，他的意见可分为四个部分，包括刘辉、两个女人和她们兄长的判决，以及官僚体系各部门之间的权责分配问题。

崔纂首先针对刘辉的悬赏和判决发言，反对以谋反大逆罪通缉刘辉并处以死刑。他强调法律是朝廷统治的基础，不能因喜怒而有所增减，也不该为亲疏而有所改变。既然刘辉并未谋反，就不应以谋反罪嫌通缉他。崔纂企图说服皇帝（其实真正的对象应该是灵太后），他主张刘辉所犯的罪，其实是杀了自己尚未出生的孩子。他引用北魏朝廷的《斗律》："祖父母、父母忿怒，以兵刃杀子孙者五岁刑，殴杀者四岁刑，若心有爱憎而故杀者，各加一等。"也就是说，倘若父母在教训子女之时，意外杀死他们，也不过被判四五年的徒刑。即使因为心中好恶，故意杀死子女，也罪不致死。崔纂表示，尽管长公主身份尊贵，不是一般女性所可比拟，但她既然下嫁刘辉，她怀的胎儿不能说不是刘辉的骨肉。既然刘辉犯的是堕杀亲子之罪，那么朝廷就应该以杀子罪名处罚他。

自汉代以来，法律就明文规定：审判一个人的罪行，应该要考虑他犯罪时的心态，是过失还是故意，对故意犯罪的处罚当然要比误触法网来得严厉。上面的《斗律》中"心有爱憎而故杀者，各加一等"，就是针对故意杀死子女的父母而设置的。就这样的条文来看，虽然刘辉并不是故意堕杀亲子，但他殴打踩踏公主的时候，显然充满憎恨之情，而他的愤怒则间接杀死了胎儿。崔纂并没有主张刘辉到底是故意还是过失，但无论如何，只要是以杀子而非谋反来作判决，刘辉都只需要服劳役徒刑，而不会是死路一条。

《魏书》并没有说明为何朝廷会以谋反罪通缉刘辉，不过，崔纂的辩词却提供了线索。自从汉代以来，凡是杀害皇室成员的人，便有可能被视为谋反大逆而被处以极刑。圣旨下令悬赏，既然将殴打公主、堕杀胎儿的刘辉视为谋反大逆，便暗示了皇室是怎么看待这个胎儿的身份——他是公主的骨肉，因此也是皇室的一员。当然，从生物学的角度来看，公主所怀的胎儿本来就是她的骨肉。但是从父系家族伦理的角度来看，这个小孩和其他所有女人怀孕生产的小孩一样，最优先和最重要的身份，都是父亲的儿女。至于这个小孩和生他的女人，在父系家族规范下如何定位，则由这个女人和小孩父亲的关系来决定。以下，就先谈谈传统中国的父系家族伦理。

父系家族伦理

传统中国的父系家族伦理，可以透过服丧的礼节来了解并说明。古典礼书《仪礼》据说曾经是孔子授课的教材，其中《丧服》就规定了一个人去世时，他的亲友应该如何为他服丧。这些规定相当繁复，主要是以服丧时穿着麻衣的轻重和服丧时间的长短，来表现生人和死者的亲疏尊卑关系。归纳起来，大概有五种，从最重到最轻的丧服依序是：斩衰三年（"衰"读作"崔"）、齐衰一年（"齐"读作"兹"）、大功九月、小功五月、缌麻三月，这也就是一般所说的"五服"，如下页"本宗五服图"所示，括号中标示自己为去世的亲人所服的丧。

看得出来，这一套服丧的规矩，也就是表现家族范围和家人尊卑的标准，是以男性成员为中心而设计的。举例而言，一个男人为自己过世的父亲，应该服"斩衰

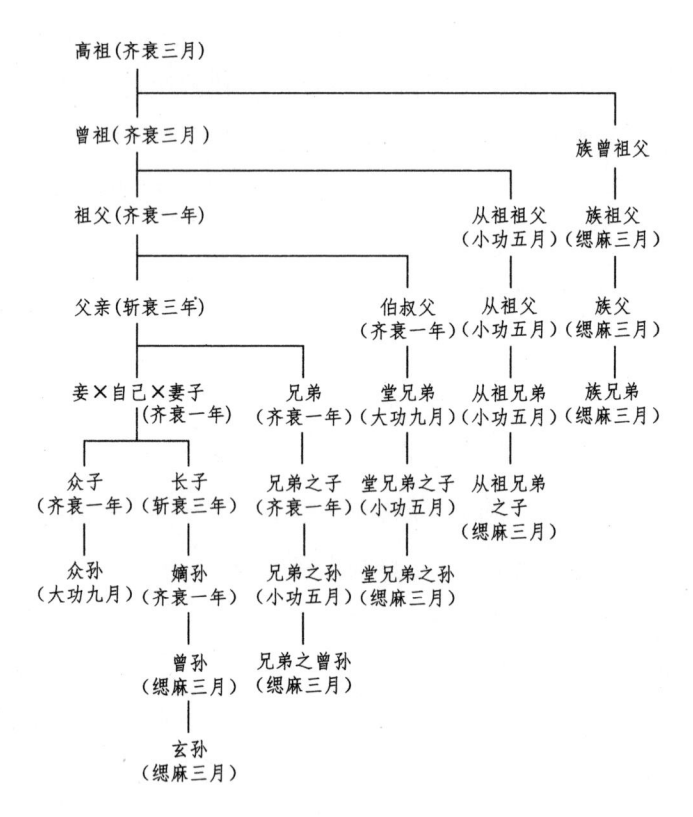

```
高祖(齐衰三月)
  │
  ├─────────────────────────────────────┐
曾祖(齐衰三月)                          族曾祖父
  │                                      │
  ├───────────────┬──────────────┐
祖父(齐衰一年)   从祖祖父       族祖父
                 (小功五月)     (缌麻三月)
  │
  ├───────────────┬──────────────┬──────────────┐
父亲(斩衰三年)   伯叔父         从祖父         族父
                 (齐衰一年)     (小功五月)     (缌麻三月)
  │
  ├───────────────┬──────────────┬──────────────┬──────────────┐
妾×自己×妻子    兄弟           堂兄弟         从祖兄弟       族兄弟
  (齐衰一年)    (齐衰一年)     (大功九月)     (小功五月)     (缌麻三月)
  │
  ├──────┬────────┬──────────────┬──────────────┐
众子   长子     兄弟之子       堂兄弟之子     从祖兄弟
(齐衰一年)(斩衰三年)(齐衰一年)  (小功五月)     之子
                                               (缌麻三月)
  │      │
众孙   嫡孙     兄弟之孙       堂兄弟之孙
(大功九月)(齐衰一年)(小功五月)  (缌麻三月)
         │
        曾孙    兄弟之曾孙
        (缌麻三月)(缌麻三月)
         │
        玄孙
        (缌麻三月)
```

本宗五服图

根据《仪礼·丧服》绘制。通过服丧时间的长短和所穿丧服的轻重，可以了解传统中国家族的范围大小，以及家族内成员之间的亲疏尊卑关系

三年"之丧。"斩衰"是麻衣中最差的一种，"三年"则是最长的服丧时间，由此可知，男人为父亲所服的是最重的丧，表现最深沉的悲痛。那么为母亲呢？按照古礼的规定，母亲去世时倘若父亲仍然健在，儿子为母亲只能服"齐衰一年"之丧。"齐衰"是第二差的麻衣，"一年"是第二长的丧期。必须是母亲去世时父亲已经亡故，儿子才能为母亲服"齐衰三年"之丧。时间虽然增长，麻衣仍旧不变。何以如此？先圣先贤的说法是"父至尊也"，父亲是一家之中最尊贵的人，不论他健在或已过世，儿女对母亲都不应该表现出超过对父亲的尊崇；只是父亲倘若已经过世，儿女可以对"至亲"的母亲流露较多的悲痛罢了。

女性身为母亲，过世时因为自己丈夫的存殁与否，而有以上差异。那么身为女儿又如何呢？按照"五服"的规定，一个女人出嫁之前为亲人服丧的内容，和男性并无二致：为父亲服斩衰三年，为母亲则分父亲健在与否。然而，一旦她嫁为人妇，情况就不同了。

女人出嫁，脱离一个父系家族（娘家）而进入另一个父系家族（夫家），所有原先对娘家亲人的丧服都随之缩短、减轻，而对原先毫无关系的夫家亲人则产生了服丧的责任。最明显的是，出嫁的女儿对于娘家过世的父亲只能服"齐衰一年"之丧,而她最重的丧服,也就是"斩衰三年",则要保留给丈夫(如果丈夫先她而亡的话)。为什么呢?根据古代礼书的说法,这是因为"父者,子之天;夫者,妻之天"。既然一个人头上不能顶着两个天,那么女人出嫁等于"变天"。她的天,也就是她表达至尊至敬的对象,由父亲转为丈夫,当然最重的"斩衰三年"之丧也就随之改变了。

换句话说,一个男人不会因为婚姻而改变他和原生家庭的亲属关系,但女人结婚之后,她的家族认同应该由娘家转到夫家,并且她在夫家的地位应该低于丈夫。这就是父系家族伦理要求女性的"夫家认同"和"夫尊妻卑"。

知道了这些,就不难理解崔纂的抗议。当他引用《斗律》父母杀子女的条款作为辩论基础时,其实是在要求朝廷遵守古代礼经所规范的父系家族伦理。按照这套伦理,长公主结婚之后,应该"生为刘家人,死为刘家鬼",最优先的家族认同是刘家而不是皇室,那么流产的胎儿最重要的身份应当是刘辉的孩子,而不是公主的骨肉或皇室的成员。如此一来,刘辉就不应该被当作谋反大逆罪嫌,而应该以杀子罪起诉判决。

《女孝经图》（部分）

传统中国伦理教导女儿和儿子一样，都应当孝顺父母。不过，根据礼经的规定，女子出嫁有如"变天"，她表达至尊至敬的对象，由父亲转为丈夫，她的家族认同也应当由娘家转到夫家

为罪人辩护

崔纂抗议的第二部分内容则涉及张容妃和陈慧猛的命运。崔纂肯定皇帝诏书减免了两个民妇的死刑，但他认为"髡鞭付官"仍然太重。崔纂引用公元511年时北魏朝廷的一个判例，其中规定：一个案子只要牵涉到死刑或流放这么严重的处罚，就必须等到主犯的判决确定，才能处置从犯。崔纂表示，如果张容妃和陈慧猛是刘辉的从犯，那么应当等刘辉被缉捕到案之后再来处理，不可以急着将她们判刑。此外，崔纂提醒朝廷，张容妃和陈慧猛犯的是通奸罪。如果她们的罪行被当场逮着，也不过是按照通奸罪处罚，无论如何也不应该被贬为奴婢，降为贱民。崔纂倒没有引用任何通奸罪的惩处条例，不过他的同僚，当时担任尚书右仆射的游肇则加入辩论，声援崔纂，主张顶多将张容妃和陈慧猛处以徒刑。

崔纂的第三个论点，着重强调张智寿和陈庆和的无辜，以及朝廷连坐处罚的不公。根据张智寿的供词，他的妹妹张容妃已经嫁为人妇，并且生了两个女儿。崔纂提出《仪礼·丧服》"夫者，妻之天"的伦理，主张已婚妇女如果犯了罪，为她负责的应当是丈夫而不是娘家的兄长。他征引曹魏末年到西晋初年修法时所达成的共识和原则："在室之女，从父母之诛；既醮之妇，从夫家之罚。"也就是说，女性的连坐责任随着出嫁而改变。相对而言，为她所犯的罪遭受连坐的人也应该随之改变。

崔纂又说，从西汉以来，法律便容许"期亲相隐"（"期"读作"基"）。所谓"期亲"，就是彼此服一年丧的亲属。基于亲情难舍的事实，一个人如果包庇犯了罪的期亲，法律并不会惩罚他，那么比期亲更亲的人，如父母，当然不在话下。从"本宗五服图"可以知道，兄弟正是期亲；张智寿、陈庆和知情不报，可以谅解。何况法律既没有规定兄弟应该揭发姐妹所犯的奸情，更不用说为了她们的奸情而遭到连坐了。因此，崔纂大声疾呼：朝廷不能因为怨恨刘辉而迁怒张、陈兄弟二人。

崔纂在他的辩词中所提到的，其实是传统中国的家庭伦理观念在影响法律运作时非常重要的两个面向：容隐和连坐。这两个面向都是以"五服"为范围的父系家族作为基础。准许期亲互相隐匿的规定，在公元前一世纪的汉宣帝时代就确立了。至于女性连坐责任的讨论，则是因为曹魏末年一宗谋反罪所引起的。当时主谋嫌犯的孙女已经出嫁并且怀孕，朝廷为了判断她的连坐责任，曾经深入讨论并且修订相关法律。崔纂引用这些案例，一方面显示原来是游牧民族的鲜卑人，在中原统治时期继承了前代汉人朝廷的部分法律，另一方面也表现了崔纂个人将传统父系家族伦理应用到法律判决上的努力。

崔纂抗议的第四部分内容则涉及政府各部门间的权责分配问题。他直言不讳地表示，门下省属于内朝，负责传递法律案件或大臣上奏之类的文书，没有参与判决的权力。那么谁有权力判决呢？崔纂没有明说，不过显然应该是尚书省的官员。众所周知，唐代政府有中书、门下、尚书三省，而尚书省之下则有吏、户、礼、兵、刑、工六部，分别掌管各种国家大事。其实，三省六部的制度就是在魏晋南北朝的时代渐渐发展形成的。尚书之下既有刑部，可想而知，判案断狱应该是他们的权责，而崔纂和声援他的官僚也都出自尚书省。

尚书元修义正是支持崔纂的官员之一，他同意崔纂为张、陈两位兄长的辩解，并且引用《春秋》中的故事来证明古圣先贤本来就赞成已婚妇女疏远和娘家的关系。既然娘家不能为她结婚之后的行为负责，娘家的兄弟当然不应该为她的罪行遭到起诉判刑。前面提到的尚书右仆射游肇，不但支持崔纂的抗议，同时强调门下省根本无权过问案件的调查和审判。他建议皇帝下诏，派适当的官员重新审理此案。

《春秋集解》书影

《诗》《书》《礼》《乐》《易》《春秋》六种经典，被视为先圣先贤规范伦理的基础。崔纂和他在尚书省的同僚们，便引经据典为刘辉和张、陈两对兄妹辩护

抗议驳回

以上所有的抗辩和建议，都没有获得皇室的认同。朝廷辩论终结之后，皇帝再次下诏，重新确认原先门下省的判决。诏书中并说明，之所以如此重赏捉拿刘辉，实在是因为他罪无可逭，不能不逮到他。又说，张容妃和陈慧猛"耽情惑溺"，以奸情扰乱刘辉的心，才会导致长公主流产。诏书反问："如果不严厉惩处，朝廷将来要如何统御众民？"至于张、陈两位兄长的连坐刑责，诏书同意官员们所征引的法律见解，但表示他二人事先不加防范，事后又想隐瞒，死罪可免，活罪难逃。诏书中说张、陈二人"招引刘辉"，似乎是他们主动引介自己的妹妹，因此严惩二人，不仅理所当然，也能杀一儆百，吓阻效尤。

至于对政府部门权责分配的质疑，皇帝表示绝不让步。诏书宣称皇帝有权任命门下官员处理此案，一方面是因为此案非比寻常，不能等闲视之；另一方面则是因为自古以来宫廷之内就自有断狱系统，并非所有案件都由司法官员审理。最后，诏书毫不客气地指责尚书官员不顾公理、混淆视听，下令剥夺崔纂的职权，并且暂时停发游肇和元修义的俸禄。

兰陵长公主在判决确定之后不久，便因流产之伤而死。《魏书》记载了灵太后的反应，说她"哀恸逾恒"，不但亲临葬礼、号啕大哭，而且陪着送葬的队伍出城，达数里之远。后来有一次她告诉一位大臣，她之所以痛哭不已，实在是因为长公主多次受刘辉侮辱，都忍气吞声，不愿张扬，最后却落得这个下场。灵太后不平地说："自古至今，哪有这种女人？正因为如此，我才伤心啊！"刘辉后来被逮捕归案，却在处决之前刚好碰上大赦，捡回一条命。公元522年，灵太后在一场政变中失势，孝明帝主政，刘辉重新获得封爵，不过第二年就去世了。

悲剧的启发

魏收写《魏书·刑罚志》，通论北魏一百五十年来的法律发展，却花了将近六分之一的篇幅记录这个案子。到了十九世纪末，身兼清朝法官和法律学者的沈家本，在教导学生判案的文章《学断》之中，也引用了这个案子，可见本案在中国古代法律史上的代表性和重要性。而这个案子，在受过阶级、种族和性别意识熏陶的现代历史学家眼中，更是显得引人入胜。这个故事中，婚配的双方，一方是有游牧民族背景的公主，另一方则是投奔游牧王朝的汉人宗室子孙。辩论的双方，一方是游牧民族出身、极力想为小姑子复仇的摄政太后，另一方则是她统治下的官僚，他们不是汉人，就是受过儒家教育已经汉化了的鲜卑人。整个案情不但牵扯王公贵胄，也涉及平民百姓。事实上，大部分的辩论焦点集中在如何判定四个平民男女的命运。

　　这个案子相当复杂，可以当作了解中国古代法律"儒家化"或"父权化"的绝佳切入点。此外，整个案子牵涉到性犯罪、婚姻暴力、亲属容隐与连坐等法律家族主义，可以说涵盖了传统中国女性会碰到的大多数刑法问题。仔细推敲传统法律如何在这三方面对待女性，不但能够看出法律"儒家化"或"父权化"的发展，也可以发现，传统政府正是以规范女性来检验法律"儒家化"或"父权化"的进度的。更有意思的是，灵太后以胡人、女性、统治者的角色，在幕后呼风唤雨，在幕前不平则鸣，成了整个故事和现代社会对话的关键人物。

貳

第二章

不伦之恋：通奸的罪与罚

前一章提到，北魏驸马刘辉和民妇张容妃、陈慧猛都犯了通奸罪，也都被判处死刑。不过，刘辉的罪名并不是通奸。由于他殴打兰陵长公主，造成公主流产，因此他被起诉的罪名，是杀害皇室成员（也就是流掉了的皇孙）的谋反大逆罪。尚书三公郎中崔纂在为刘辉申诉，反对门下官员的判决时，也没有在通奸罪方面着墨，而是针对谋反大逆的定义加以辩驳，认为流掉了的，不仅是长公主的骨肉，更是刘辉的孩子。崔纂引用北魏《斗律》父母杀子女的条文，显然是主张将刘辉处以四五年左右的徒刑。尚书右仆射游肇在声援张容妃和陈慧猛时，曾经表示通奸最多只能处以徒刑，皇室不应该将她们"髡鞭付官"，贬为奴婢。基于古代法律"两罪并发，取其重者"的传统，两相参照之下，可以推测：四五年的徒刑绝对比谋反的死罪来得轻，而比北魏朝廷一般处罚通奸的罪行来得重。

犯通奸罪的人在古代中国会受到什么惩罚呢？由于史料零散，加上汉初曾经修法改律，还真一言难尽。可以确定的是，今天人们印象中犯了奸淫罪的妇女遭凌迟之刑或石头打死的画面，在古代中国的记载中，是看不到的。中国的第一个统一帝国是秦朝，在公元前三世纪末期建立。从那时候开始，法律便规定，不论是已婚或未婚，通奸都会受到处分。在秦朝的档案中，就记录了一对男女在大白天相奸被逮捕。汉代也有法官为了寡妇与人通奸该当何罪彼此激辩。大家都知道秦始皇是个暴君，但他巡行天下时立碑刻石，却说"禁止淫佚，男女絜诚"，要求夫妇双方都保持贞节。有人以为"性"是古代男人的特权，女人通奸得到的惩罚比男人来得严厉。然而，从现存的资料看起来，秦汉魏晋时代的人似乎比较重视辈分伦理，或身份、时空、情境是否特殊等因素，而不是男女之别。也就是说，近亲乱伦或是不同辈分之间的人通奸，处罚比较严重，男女的差别反而看不太出来。

话虽如此，古代男人有纳妾的权利，可以将心仪的婚外情人，以妾的名义纳入一妻多妾的婚姻正轨之中，而女人却没有类似的特权。因此，要以通奸罪来处罚男人，相对而言，比惩罚女人来得困难。在这种不对等的情势下，女人对自己丈夫的其他性生活，只好采取"防堵"的措施，以妒忌抵制。然而，即使这种做法，也曾经引起批评，认为妒妇会将丈夫逼上通奸之路！如此看来，通奸的罪与罚，单就法律而言，虽然没有明显的性别差异，但放在整个婚姻制度的脉络中，确实是男女不平等的。

❂ 奸夫之刑

先说男人吧。在汉代，一个男人如果犯了奸淫罪，他可能被处以罚金、剥夺官爵（如果他原来有官爵的话），或者"耐为隶臣"，也就是剃掉他的鬓角后终身服刑（汉初改律之后才变成有一定的年限）。但若他通奸的对象是人家的妻子，那么劳动等级就得加重，服刑期间会被送去筑城，但可以不剃头，称作"完为城旦"。假使身份特殊，能获减刑，不必筑城，只需捡拾柴薪供宗庙之用，那就必须搭配原来剃掉鬓角的处分，称为"耐为鬼薪"。鬓角变来变去，现代人看起来，大概觉得还真复杂啊！不过，我们却可以发现：古人一方面认为"身体发肤，受之父母，不敢毁伤"，另一方面相信毛发代表生命的力量，不愿轻易剃除。所以"髡""耐"这种剃头的事，确实可以当作刑罚的一部分。

但是，以上所说都只是一般男女之间的事。如果一

第二章 不伦之恋：通奸的罪与罚

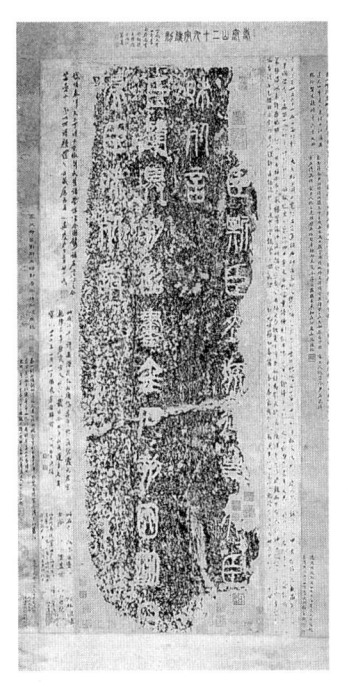

秦泰山刻石

秦始皇巡行天下，立碑刻石。在会稽的刻辞中，秦始皇要求夫妇双方都应谨守贞洁

交欢石雕

婚姻外的性行为，不论男女，都可能受到法律制裁。但是男性可以纳妾，相形之下，婚姻的范围扩大不少。性行为在古代社会中，除了作为传宗接代的方式之外，有时也是养生求仙的工具。这块汉代墓门上的石雕，似乎透露了双重的信息

个男人通奸的对象是自己的姐妹、子女或姑姑之类的血亲，或是长辈，如他的父亲或伯叔家中的妻妾，那么他就有可能被处以死刑。古代大家族之中，父亲的妻妾未必是自己的生母，伯叔的夫人也未必和自己年龄悬殊。同居共食、朝夕接触，有时奸情难以避免，对此法律也大加防范。三世纪末，西晋朝廷修法，继承汉律的精神，规定一个男人倘若和单身女郎或守寡妇人通奸，将被判处三年徒刑，但若和伯叔母通奸，则处以"弃市"，也就是在市场上砍头示众，让大家一起唾弃他。可见乱伦的严重性，必须砍头，就不是剃头所能解决的了。

　　三世纪初汉帝国崩解之后，中国经历了魏、蜀、吴三国鼎立的局面，之后虽然有西晋短短五十多年的统一，但是到四世纪的时候，南迁的汉人和北方的胡人，隔着淮水，各有各的发展，大致上就确定了。南方政权大致沿袭晋律，仍然惩治通奸，而北方维持最久的北魏政权，也是如此。根据《魏书》的记载，鲜卑人在古早游牧的时代，对奸夫淫妇的处罚非常严厉，凡是不在婚姻之内的性行为，都有可能被判处死刑。不过，在拓跋氏南征推进和统治中原期间，曾经六度修订法律，到六世纪初灵太后的时代，对通奸的处分显然已经逐渐减轻了。

　　由于古代官方的历史学家，比较重视政治人物的影响，喜欢记录帝王将相的故事，因此我们现在能够看到的，绝大多数是关于达官贵人的案件。从这些留到今天的资料看起来，他们通奸的对象，有贵族，也有平民（就像刘辉一样），这些奸夫的行为之所以曝光，多半是被淫妇的丈夫发现或揭穿。例如灵太后摄政时期，广阳王元深和城阳王元徽的妃子于氏通奸，被元徽一状告到朝廷。经过皇族宗室的讨论之后，元深被削除王位，遣送离开京城。还有一个案子，是一名叫贾邈的平民，控告一名叫窦僧演的官员和他的妻子通奸，经过官府调查，窦僧演被判有罪，遭到削除爵位的处分。

从上面的例子来看，不论对象是谁，只要通奸的事实单纯，没有牵涉到任何政治阴谋（譬如叛国罪），这些达官贵人顶多被剥夺官爵，不会因为通奸而受到太严厉的处分。如果他们通奸的对象是寡妇，一旦东窗事发，有的人会遭受舆论的批评，有的人则干脆和寡妇正式成婚，堵了别人的口实。例如，北魏士族卢正思和他守寡的嫂嫂通奸，因而遭到弹劾，但史书中并没有记载他后来是否受到处分。另一名士族郑严祖，则是和堂妹通奸，虽然时人大多引以为耻，他自己却似乎不以为意。还有一名单身贵族裴询，和守寡的太原长公主发生恋情、奸情，事情败露之后，则是由皇帝命令裴询迎娶公主了事。

有时候，通奸情事显得微不足道，倘若不牵涉更严重的罪行，似乎无法引起当代人和后世史家太大的兴趣。历史记录显示，犯了通奸罪的王公贵胄只有在同时涉及贪渎和叛国案件时，才会被纠举、鞭笞或处决。北魏孝文帝最小的弟弟元详，在宣武帝统治时期，以皇叔的身份，在朝廷备受礼遇。史书说他地位和声望都非常高，久而久之，渐渐无所忌惮，先是接受关说请托，后则侵剥远近、巧取豪夺，同时纵情声色，乃至和叔母通奸。终于在一场政治斗争中，被牵连为谋反逆乱，遭到宣武帝的软禁，最后被杀。

根据《魏书》的记载，当元详的母亲高氏得知元详因行为不检而遭到纠举时相当紧张，元详却告诉她："如果只是行为不检，有什么好担忧的。我恐怕更严重的控告还在后头呢！"显然，如果不是涉及谋反大逆之罪，通奸并不会引起太大的波澜。原来，元详通奸的对象，也就是他的叔母，和当朝佞幸权臣有姻亲关系，权臣的政敌一状告上朝廷，元详的奸情就成了他的政治包袱。当元详刚被软禁的时候，将自己的奸情告知母亲高氏。高氏大怒，痛骂元详，说他"妻妾侍婢，少盛如花"，意思是身边已经有这么多美丽的女人了，竟然会愚蠢到乱伦犯禁，于是拿起木杖就往他的背上猛打，打累了，

《洛神赋图》（部分）

东晋顾恺之画。传说洛神的容貌甚美，晋代刘伯玉就常常在妻子面前朗诵《洛神赋》，赞不绝口，令妻子段明光妒气难消，投水自尽，并且托梦给他，说自己死后也做了河神。当时的人便将段明光跳河之处称作"妒妇津"。妇人妒忌，可以说是魏晋南北朝时期一个流行的话题

又叫奴仆替她。元详被打了两百余杖,全身疮脓,十几天都站不起来。接着,高氏也打了元详的王妃刘氏几十大板,对她说:"你也是大家闺秀,和我家门当户对,你怕什么?为什么不管着丈夫?所有的女人都知道要妒忌,唯有你不懂!"刘氏苦笑受罚,一声都没哼。

以妒防奸,另类妇德

　　元详的王妃刘氏,正是本书男主角驸马刘辉的姑姑、宋王刘昶的女儿。刘昶因南朝的政争而逃奔北魏,生儿育女,和鲜卑的皇室联姻。结果女儿因丈夫谋反遭到连坐,孙子日后又因殴主伤胎被悬赏通缉,看来家运不济。南北朝时期,叛逃到对方阵营的人士,确实值得好好研究。

　　至于高氏痛批儿媳妇不懂得"以妒防奸",恐怕是操心儿子的性命,一时情急的说法。不过,魏晋南北朝时期,女性以妒忌闻名,倒也是不争的事实。妒妇最典型的作为,就是不准丈夫纳妾,本书一开始所引谢安夫人刘氏的故事,便是一个例子。刘氏的言行被收在刘宋虞通之的《妒妇记》之中。《妒妇记》是刘宋明帝为了嘲讽打击妇女,命令虞通之编写的。原书已经亡佚,只有七个故事流传下来,其中除了刘氏之外,还有两位禁

《女史箴图》"专宠渎欢"

妇女妒忌，总是引发男性的焦虑，因此一向被当作女性的恶德。不过，在魏晋南北朝的女性圈子中，却似乎相当流行，甚至被视为防范丈夫通奸或纳妾的办法。西晋惠帝时，大臣张华为了提醒强悍的皇后贾南风注意妇德，特别写了《女史箴》告诫她。东晋顾恺之便依文绘画，作了《女史箴图》

木牛车

古人大多乘马车，不过从东汉末年开始，牛车渐渐流行起来，到了魏晋时期已经是一般贵族代步的工具了。王导害怕夫人妒忌，会对小妾不利，驱使牛车赶往现场，还拿麈尾当牛鞭，成为当时的一则笑话

止丈夫纳妾的名人，一位是东晋名相王导的妻子，另一位则是名将桓温的夫人南康长公主。

王导其实老早就纳了妾，只是藏了起来，没让夫人知道。有一天终于秘密泄露，他害怕夫人会对诸妾不利，忙着赶去救援。谁知驾驶的牛车跑得太慢，王导一时情急，竟拿起清谈用的麈尾，朝牛尾猛拍，引起路人嘲笑、围观。至于桓温，据说是在征服前蜀之后，带回亡国的公主李氏，桓温的夫人南康长公主得到消息，就带着刀剑，率领一批奴婢，冲到李氏的住处，打算教训她。谁知亡国的李氏正在梳头，并不反抗，由于心情凄怆，反而显得楚楚动人，长公主一看，生了慈心，大叹："我见犹怜，何况老奴！"一句话竟成了千古名言。从《妒妇记》的叙述来看，王导显然是猜想妻子会和南康长公主一样，对诸妾兵戎相向，所以才如此心慌意乱。而从纳妾男人的角度来想，或许都希望妻子和长公主一样，"我见犹怜"一番吧！

由于《妒妇记》是写来教训女性、娱乐男性的作品，其中的妇女大半被形容成愚蠢或蛮悍而不讲理。例如，一个女人为了监控丈夫，用一条绳子将丈夫和自己绑在一起。另外一个不准任何"嘴上无毛"的男女来家里做客。还有一个则是禁止婢女在丈夫面前拴紧瓶盖，以免引起丈夫的性幻想，又叫仆人砍倒一株桃树，只因为丈夫曾经称赞过桃花美丽，最后一个甚至定期以竹鞭惩罚犯错的丈夫。在故事的结尾，这些女人或多或少都会受到教训，有时是因暴露自己的无知而成为笑柄，有时则是遭同情丈夫的亲友痛打一顿。虽然虞通之以夸张的手法嘲讽（或者可以说抹黑）妇女，不过，将这些故事和其他史料中所记载的妒妇行为参看，就可以知道，这些女人只有一个目标，就是不要她们的丈夫和别的女人在一起。

对于汉唐之间妒妇故事的解释，历史学家有各种看法。有的学者认为，东晋以后，时事纷乱，礼教的约束极小，女人的个性得以尽情发展，是造成妒妇的主要原因。有的学者则主张，汉唐之间高门贵族互通婚姻，女性所代表的是自己的家族，而非个人，双方若家势相当，则女子气势不减男子。加上当时豪门多蓄养歌伎，难免引起妻子疑妒。不论如何，魏晋南北朝时期女性的妒忌，显然引起了男性的严重焦虑，而元详的母亲高氏会要求媳妇"以妒防奸"，也就不足为奇了。

不过，和高氏意见相左的，也大有人在，甚至主张妒妇妨碍丈夫纳妾，反而造成男人不得不通奸的情势！说这话的，是东魏（北齐）的高官临淮王元孝友。根据他的观察，北朝的妒风已经严重影响家庭伦理，甚至女子出嫁，她的母姑姐妹等女性亲戚还会教她"以制夫为妇德，以能妒为女工"，似乎以妒防奸还是女性婚前教育的重要课程呢！由于妻子悍妒，丈夫不敢纳妾，结果"举朝略是无妾，天下殆皆一妻"，上自王公贵戚，下至平民百姓，所有的人都只有一个老婆。

元孝友认为，万一妻子不孕，又不准丈夫纳妾，丈夫为了传宗接代，只好往外发展，反而犯了通奸罪。为了防范奸淫之风，他大声疾呼，建议朝廷沿袭东晋和南朝的办法，透过制度性规范，保障百官置妾的权利。他主张各级官员应该按照流品等次，娶纳妻妾三女到九女不等，并且限定在一年之内，达到总人数。如果有人做不到，朝廷应该以不孝之罪处罚他，并且强制他休妻。

元孝友的建议虽然耸动，却没有获得群臣的青睐，这项提案，使朝廷议论纷纷，之后，则是不了了之。看来，不论是男人通奸，还是女人妒忌，在北朝的法律制度上，都不是顶严重的罪行。那么女人通奸又如何呢？

🏵 淫妇之罪

至于女人，在刘辉殴主伤胎案中，崔纂的抗议明白表示，虽然朝廷减免了张容妃和陈慧猛的死罪，处罚仍然太重,不算公平。显然,即使对女人而言,通奸也不是什么大恶不赦的罪行。不过,这究竟是北魏特有的看法,还是历来都如此,似乎有待考察。汉初的法律和案例都显示,未婚女子与人通奸,将遭"耐为隶妾",和前面提到的通奸男子一样,剃掉鬓角后再去服刑。倘若已婚还与人通奸,就得提升强迫劳动的等级,从事与筑城相对应的舂米工作,称作"完为舂"。假使身份特殊,可获减刑,不必使力舂米,只需捡择白米供祭祀之用,那就必须恢复剃掉鬓角,称为"耐为白粲"。"耐为隶臣妾""耐为鬼薪白粲"和"完为城旦舂",在秦汉法律文书中频繁出现,用来处罚通奸男女,其中双方刑责相当,并无男女等差。倒是女子的人妻身份,会影响两人受罚的程度。

秦代法律规定,逃妻应判"黥为舂"之刑,就是先在脸上刺青然后才罚她舂米。最近考古挖掘发现的汉初案例也显示,迎娶人妻的男子,将遭到相应的惩处——"黥为城旦"。由于刺青的印记比剃头难以磨灭,与人妻奸,男女双方既不判"耐",也无法"完",而必须"黥",显示通奸皆须处罚,而且男女刑度相同,但身为人夫不会加重男人的罪责,女人的婚姻状况却会决定罚则的轻重。

人妻身份确实特殊。汉代名臣董仲舒的判案故事中,曾经出现一个例子,说:某甲的丈夫驾船出海,遇见风浪,

集市画像砖

所谓"弃市",就是在市场上砍首示众,表示对罪人的唾弃,是古代的一种死刑。虽然传世故事中曾有"私为人妻当弃市"的说法,不过目前没有任何证据显示汉唐之间曾经如此执法

"船没溺流，死亡不得葬"，四个月之后，某甲的母亲安排某甲改嫁，引起地方官重视，请问朝廷该判某甲何罪？这时，便有法官主张"夫死未葬，法无许嫁，私为人妻，当弃市"，似乎汉代法律对女性重婚或寡妇再嫁有特别严苛的处罚。不过，董仲舒却认为"夫死无男，有更嫁之道"，认为寡妇只要没有儿子，应该可以改嫁，何况某甲是由母亲安排再嫁，顺从长辈的意思，不是"私自成为别人的妻子"，所以无罪。虽然董仲舒的故事中出现"私为人妻，当弃市"的说法，但是没有任何资料显示汉代或之后的魏晋朝廷，曾经根据这类条文处罚通奸妇女。

事实上，古代女性倘若在离婚或守寡之后，再嫁为人妇，不但社会上视为稀松平常，即使奖励贞妇顺女的朝廷也不以为非。汉代女性，因为丈夫太穷而要求离婚改嫁的例子，不一而足。名将张耳的妻子，出身富家，原先嫁了个贫穷的丈夫，离婚之后才改嫁张耳。汉景帝的王皇后，先嫁金氏，后来因为母亲卜卦，发现她将来会大富大贵，才将她从金家夺回来，送到官中去，果然享尽荣华。至于朱买臣的妻子求去，演成"覆水难收"的故事，就更广为人知了。如果是守寡再嫁，恐怕更是司空见惯。如卓文君新寡，夜奔司马相如；苏武远使不归，妻子判断他已亡故而另嫁他人。其中最著名的，莫过于汉代开国名臣陈平的妻子了。她在嫁给陈平之前，曾经五次出嫁，五次守寡，嫁给陈平的时候，已是第六次结婚了。

不过，以上这些例子，都发生在前一段婚姻关系已经结束的情况下；倘若在前一段婚姻关系存续中，又和别人私为夫妻，就于法不容了。汉代时就曾有三个男人合娶一妻，共生四子，遭到官府处决的案例。当时的法官范延寿表示："男子贵信，妇女贵贞，今三男一女，悖逆人伦。"有趣的是，由于范延寿认为他们好比禽兽，因此决定将四个儿子交给母亲继续抚养，只处死了三个不知谁是谁父亲的男人。如此看来，男子有纳妾的制度，可以另娶小妻，但女子若一人嫁数夫，即使是在彼此知会的情形下，也被视为违法犯禁。相形之下，丈夫的婚内范围可以随意拓宽，触犯婚外性行为的机会比妻子少，而女性因为没有这种空间，受通奸罪限制和惩罚的可能性相对地就提高了。

话虽如此，以现存的资料来看，魏晋南北朝的女性因为通奸而受罚的故事，仍然非常少。《魏书》在记载涉嫌通奸的贵族妇女时，绝少提到惩处的事。有些妇女明显地受到法律或丈夫的容忍，有些单身的妇女则被迫嫁给她们的情夫。前面提到，和广阳王元深通奸的于氏，似乎就逃过了法律的制裁。而经圣旨撮合，嫁给裴询的太原长公主，不知是在守寡期间，还是在改嫁之后，曾经和另一位高官私通而生了一个儿子，也没听说长公主遭到任何指责或处分。

然而，确实有些通奸妇女被杀，但不是受到法律制裁，而是嫉妒的丈夫所为。这些丈夫后来也必须为他们的暴力行为付出代价。《魏书》就曾记载一个名叫韦融的官吏，因为怀疑自己的妻子通奸而杀了她，但不久之后，他自己也畏罪自杀了。北魏的世家子弟卢道虔娶了宣武帝的妹妹济南长公主，长公主突然暴毙，当时舆论都怀疑是卢道虔受不了公主红杏出墙的传言而杀了她。宣武帝并没有采取任何行动，既未要求调查妹妹的死因，也未对驸马提出警告。倒是宣武帝驾崩之后，孝明帝继位，灵太后摄政当朝，才立刻削除了卢道虔的爵位，禁止他入朝为官，为她的小姑子报仇出气。

总而言之，通奸虽然被视为破坏家庭伦理和婚姻稳定的行为，但在魏晋南北朝，不论男女，都没有人因为通奸而被判死刑的记录，也看不出来妇女通奸会受到比男性更严厉的处罚。这样看来，父系家族伦理中规定的"夫尊妻卑"观念，在魏晋南北朝时期，似乎并未全面发展。

文君当垆卖酒图

汉代卓文君新寡,才子司马相如月夜琴挑,文君于是夜奔改嫁。两人新婚,共同经营小酒馆的故事,历来为人所津津乐道。古代寡妇再嫁稀松平常,并没有守节与否的问题,当然也不涉及通奸

首先，和明清时代严厉处置淫妇的情形比起来，从汉代到唐代贵族妇女通奸的惩罚都轻得多。由于平民妇女通奸的资料缺乏，比较难判断，考古出土的法律文书显示，秦和汉初相对严格，至少要剃掉鬓角服终身徒刑，但汉初修法后徒刑的年限也减少了。从崔纂和游肇为张容妃、陈慧猛申诉看来，北魏时妇女通奸顶多就是处几年徒刑，和男性没有什么差别。前面曾经引用西晋初年的法令，说明和寡妇通奸处三年劳役刑。七世纪唐朝政府颁布法律时，则说明得更清楚：凡通奸，不论男女，都受到相同的处分，女性未婚者处一年半徒刑，已婚者则两年，而和她们通奸的男人，则与她们获致一样的刑罚。

其次，乱伦或不同辈分的男女通奸，在汉代会被砍头示众，而在鲜卑治下的北魏却不会受到严厉的惩处。例如，灵太后时代的一名妇人，和她丈夫的侄儿通奸，却既没有被丈夫休掉，也没有受到法律的制裁。这名侄儿的罪行，如果在西晋，会处以"弃市"，但《魏书》却完全未提到他的下场。同样在灵太后的时代，一名皇族和他的堂嫂通奸，遭到弹劾，也只受到削除爵位的处分。而在执行之前刚好碰上大赦，最后连除爵都免了，还受封官位。

最后，在北魏时期，妻子通奸并不表示丈夫就可以杀害妻子而无罪。前面提到的几个暴力驸马的下场，就足以证明。即使在唐代，法律也没有规定丈夫可以捉奸杀死奸妇，或殴死有罪妻妾。这一点，和十三世纪元代以后的法律容许丈夫捉奸、杀死奸夫淫妇，有着天壤之别。自秦汉以来，家庭成员互相殴杀、伤害，就会受到法律制裁，汉初已稍可见家庭成员的亲疏尊卑可能影响制裁的程度，后代的法律更规定，亲疏尊卑的判断，以传统儒家经典为基础。例如，父母殴伤子女比殴伤一般人处罚来得轻，但子女殴伤父母则比殴伤一般人处罚来得重。因此，夫妻之间相伤相杀的处罚是否有轻重之别，也可以用来判断当时代的法律如何看待"夫尊妻卑"的伦理，以及这套伦理实践的情形。

叁

第三章

家丑不外扬：婚姻暴力与妇女地位

本书的主人翁之中，兰陵长公主因妒杀婢，驸马刘辉殴主伤胎，显然都涉及家庭中的暴力行为。不过，朝廷针对刘辉一案进行的辩论中，并没有提到婚姻暴力的惩罚条例。虽然崔纂企图将刘辉犯错的焦点转移到杀子的方向，但灵太后通过诏书所作的决定，显然是不买他的账。皇室似乎并不打算将刘辉的罪行分割处理，而是将他从通奸到殴打公主，以至于造成公主流产等行为，合在一起来看待。揣摩灵太后送长公主出殡时哀痛感叹的言谈，不难发现，她在乎的，与其说是流产的胎儿，不如说是刘辉对长公主身心造成的伤害。

由于魏晋南北朝时期有关婚姻暴力的法令大多已经亡佚，因此很难从法律条文上来判断当时对于夫妻相伤相杀的惩处是否有轻重之别。不过，根据目前保存下来的案件来推敲，丈夫殴伤甚至杀死妻子，可能因时因地而处置有异。但不论如何，都不会比叛国来得严重，因此灵太后要为兰陵长公主出气，当然既不会以杀子罪，也不会以殴妻罪来处罚刘辉。

以《斗律》处罚暴力

公元前三世纪的秦朝法律规定，倘若丈夫殴打妻子，乃至撕裂她的耳朵或折伤她的四肢，与一般人互相斗殴导致伤人颜面躯体一样，要处以剃掉鬓角的"耐"刑，并不因妻子悍妒或其他任何理由就可以减罪。但在汉帝国刚刚建立时，却已出现差别待遇。法律规定倘若妻子剽悍，丈夫打她，只要用的不是兵器，即使殴伤了，也不必处刑，但妻子只要殴打丈夫，便要受罚。到了唐代，规范就更明确了。唐代的《斗律》中规定："诸殴伤妻者，减凡人二等。""诸妻殴夫，徒一年；若殴伤重者，加凡斗伤三等。"也就是说，倘若一般人斗殴，造成伤害，处罚"杖一百"，即用木棒打一百大板。但是丈夫殴伤妻子，只处罚八十大板。妻子殴打丈夫，不论丈夫有没有受伤，都先处罚一年徒刑，如果丈夫受到重伤，那么妻子的处刑要再加三等。然而，不论夫妻谁打谁，只要打死了人，都要偿命。

唐代处罚罪犯的方式，由轻到重依序是笞（以竹棍

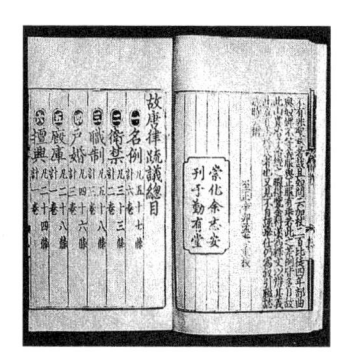

《唐律疏议》书影

《唐律》是中国古代保存比较完整的一部法典，七世纪成书。其中《斗律》的部分，已经可以看到夫尊妻卑的影子

东汉羊尊酒肆画像砖

自汉代以来就有酿酒贩卖的店家，其中不少是由女性当垆掌柜，卓文君就是一个例子。北魏时，一名妇人因为嗜酒而被丈夫打死，不知是否就是经常在这类酒店出没。这名妇人的丈夫原先以杀妻罪被判处死刑，后来因为儿子求情而改判流放

打)、杖(以木棒打)、徒(服劳役刑)、流(流放边区)、死(分为斩头和绞刑)。夫殴妻处以杖刑,而妻殴夫处徒刑。显然唐代法律在处理婚姻暴力时,有"夫尊妻卑"的倾向。秦代不分轩轾,汉代已见变化,到唐代更有明显的差别待遇。如此看来,夫妻之间的尊卑地位由法律判决来表现,这样的发展,显然就是在秦汉到隋唐之间形成的,而刘辉案正是发生在这个中间时代。

男性暴力

按照魏晋南北朝法律至今的案例来看,丈夫出手伤害妻子的理由千奇百怪,也会因此而受到不同程度的刑罚。如果伤害严重到置妻子于死地,暴力丈夫通常也难逃一死。四世纪的东晋时代,有一个人据说是在疯病发作的时候殴打妻子致死。虽然有些官员声称他已失去心智,并非故意杀妻,主张减刑,但朝廷最后仍然将他处以死罪。北魏孝文帝的时候,有一名男子,因为痛恨妻子饮酒而教训她,先是呵斥,然后杖击,结果就失手将妻子打死了。他原先被判处极刑,但他十五岁的儿子上书朝廷,说自己还有一个四岁的小妹妹,如今母亲已亡,倘若父亲再死,兄妹两人就活不下去了,因此请求"以身代老父命"。孝文帝考虑之后，怜悯这个儿子的孝悌之情，才免了他父亲的杀妻死罪，改为流放。

这几个案子，以及前面提到丈夫怀疑妻子外遇而杀了她，结果自己也畏罪自杀的例子，都证实了在魏晋南北朝，不论什么理由，都不可以擅自杀妻。为什么说不能"擅自杀妻"呢？因为如果妻子悍妒，说不定可以报官处置。在南齐的时候，就有一个退休返乡的官员发现他哥哥的妾非常好妒，便向地方官报告，要求处置，结果这名妒妾遭到官府处决。

史书中没有说明这个倒霉的女人到底做了什么十恶不赦的事。以魏晋南北朝流行的妒妇故事来看，她可能曾经打压丈夫的其他女人，甚至下过毒手。不过，前一章说过，妒妇故事大多是用来教训女人或娱乐男人的，因此也可能夸大其词。又或许，这个妒忌的女人只是妾而不是妻的身份，才导致了她悲惨的下场。下文讨论女性暴力时，便会谈到主妇和婢妾在家中权力的悬殊。不论如何，至少可以断定，南朝的官府会介入处理妒妇的问题，而在法律规定下不能擅自处死妻妾的男主人，还有报官一途，由官府代为出手处理。

有趣的是，三世纪中叶蜀汉的时候，却有一名妇女因丈夫施暴而上告。一个名叫刘琰的高官，因为怀疑妻子和蜀汉后主阿斗有染，和妻子愤怒争吵，并且叫仆人拿鞋子打了妻子的脸。他妻子气不过，一状告到朝廷。皇帝竟然下诏，将刘琰处以死刑，理由是："仆人不是用来殴打妻子的，妻子的脸也不是拿来放鞋子的！"一方面似乎坐实了后主与官夫人通奸一事，另一方面也暗示皇权介入法律、影响判决的结果。

尽管上面的故事，都显示丈夫不能随意殴伤杀妻，但在魏晋南北朝，仍然有暴力丈夫逍遥法外的例子。假使丈夫的殴打和妻子的死亡之间的因果关系难以确立，就无法将暴力丈夫逮捕归案。曹魏时代的一名官员桓范，由于不满自己的职位调迁，经常在家里大发牢骚。有一次他的妻子仲长氏忍不住分析他的性格，说他"既不愿做人家的下属，又担不起当人家的长官"。桓范一听仲长氏说中自己个性的要害，恼羞成怒，便拿起环首刀，用刀环猛戳她的肚子。仲长氏当时正好怀孕，受伤流产，不久就死了。桓范随后宣称自己也生病了，便没有到新职上任，而他殴妻致死，却也未遭到任何起诉和惩罚。在这个案例中，缺了两项能够将桓范绳之以法的要素。首先，必须确立桓范的殴打和仲长氏死亡之间的因果关系；其次，必须有一个合适的人提出控诉。

丝履

家庭暴力发生时，任何器物都可能成为相殴的工具。蜀汉时代的刘琰因为怀疑妻子和皇帝通奸，命令仆人拿鞋子打妻子的脸。结果妻子一状告到朝廷，刘琰被处以死刑

晋持刀武士俑

魏晋出土的持刀武士俑十分少见，这是其中一件。三国时的桓范，因为妻子仲长氏说中自己性格的要害，而拿大刀的刀环将怀孕的妻子戳伤致死。桓范所用的环首刀，可能就如图中所示，桓范最后并未被绳之以法

法律程序：验伤、保辜与"非公室告"

斗殴和伤亡之间的因果关系原本就不容易确认，因此传统中国法律中有各种检验的措施。在公元前三世纪的秦代档案中，收录了一个因斗殴而流产的案件的处理过程和检验报告。

报告书说：怀孕六个月的某甲，和同一里的女子某丙，大白天在街上打架。某丙因愤怒而推某甲，另一位里民某丁将她们拉开。某甲回家，肚子痛得厉害，到了傍晚，便流产了。于是某甲包裹起流出的胎儿，来到官府，控告某丙。官府接获报案，立即派人捉拿某丙。同时，一方面检查胎儿的性别、毛发以及胎盘的情况；另一方面派曾有多次生育经验的女奴，检查某甲阴部出血和伤肿的程度。并且，侦询某甲家人，问某甲回家后做了哪些事以及腹痛流产时的情形。

调查之后，第一份检验报告说：两个在官府担任验尸工作的奴隶检查了胎儿。由于某甲先前用布包裹，整个血块和手掌一般大，看不出胎儿的样子。于是将它放在水盆中摇晃，才确定是胎儿。它的头、身、手臂、手指、大腿以下到脚、脚趾，都是人的样子，但还看不出眼、耳、鼻和性别。从水中拿出来之后，又和血块一样。另一份报告则说：几位曾经有多次生育经验的女奴检查了某甲。她们都说，某甲的阴部有干血，目前仍稍微出血，但不是月经。其中一位女奴曾有流产的经验，就出血的情况就和某甲一样。

这个互殴流产的案子，动用的验伤、验尸人员，包括男女，不止一人，整个调查过程和检验报告都非常详尽，看来某丙是百口莫辩了。可惜的是，这种记录，在一般的历史资料中并不多见。不过，中国的法医传统倒是一直存在，在宋代的时候，甚至出现了一部专供法医参考的手册——《洗冤集录》，以协助官府判断斗殴和伤亡之间的关系。

此外，传统中国法律中，还有一项"保辜"制度。所谓"保辜"，顾名思义，目的是确认犯罪。也就是说，当斗殴事件发生后，必须针对伤者观察一段时间，一方面确定后续的病变或死亡真的是由于先前的殴打所造成，以免处罚过当，或者根本罚错了对象；另一方面也保护了被殴当时看起来不太严重，但后来伤势加重，甚至因伤而死的人。例如，唐律中就规定，如果某甲以拳打脚踢的方式对待某乙，而某乙在十天之内出现重大伤势（如流产或骨折），那么某甲就会遭到重伤害罪的起诉。倘若某甲不仅拳脚相向，还用棍棒之类的工具打某乙，那

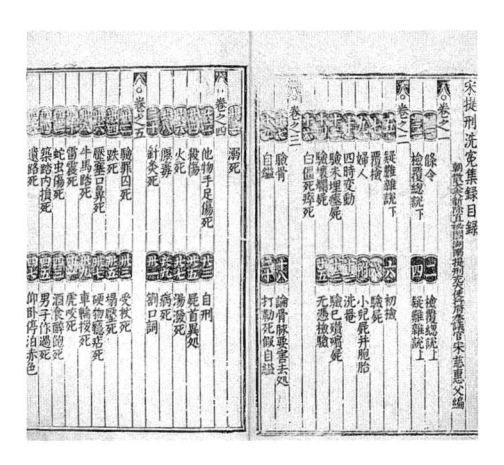

《洗冤集录》书影

中国的法医传统一直存在，《洗冤集录》便是宋代供法医参考的手册，协助官府判断斗殴和伤亡之间的关系

么观察期就延长为二十天。以此类推，倘若某甲用刀械、热水，甚至火伤害某乙，那么某乙只要在三十天之内伤势加重，某甲仍有责任。

根据这个制度执行的话，用器具殴打妻子以致妻子流产的男人，应当无所遁形才对。然而，法律规定，必须由流产的妻子自己提出告诉才行；只有当妻子受伤而死，成了命案之后，别人才能控告这名暴力丈夫。也就是说，假如妻子不愿、不敢或不能提出告诉，那么家庭中的许多暴力行为恐怕都无法揭露。

更糟糕的是，即使伤者已死，施暴者的儿女仍然不能控告他，因为中国法律自秦朝以来，就有所谓"非公室告"的传统。"非公室告"规定：一家之主倘若对子女和奴婢动用私刑，不论是剃了他们的头，还是鞭打，甚至处死了他们，子女和奴婢都不能提出告诉。即使告了，官府也不会受理。假如强行提出告诉，原告反而会被判罪。这种禁止家庭中卑幼控告长上的传统，导致儿女不能控告父母，奴婢也不能控告主人。因此，在魏晋南北朝时期，即使儿女可能是婚姻暴力中最重要，甚至是唯一的目击者，也很难揭发施暴者的罪行。

第三章　家丑不外扬：婚姻暴力与妇女地位

汉代陶俑

中国自秦代以来就禁止家中的卑幼控告长上在家中所犯的罪，限制儿女或奴婢控告父母或主人，包括对自己动用私刑。本图所示的汉代陶俑，衣着朴素，面容恭谨，很可能就是贵族家奴的造型。尽管汉代朝廷规定不得擅杀奴婢，但由于奴婢不得控告主人，这类案子恐怕大多隐而未发

女性暴力

然而，当母亲是施暴者的时候，情况却比较复杂，可能因受暴者在家庭中的身份地位，以及南北政权对家庭伦理的解释不一，而出现不同的处置和判决。先谈谈受暴者的身份地位问题。根据正史和笔记小说的记载，女性施暴的原因多半出自妒忌，而施暴的对象多半是她们的情敌，而不是丈夫；有些妇女虐待，甚至杀死她们丈夫的姬妾或婢女。前面提到，怀了刘辉骨肉的婢女被兰陵长公主开膛破肚，就是一个例子。尽管从汉代以来，法律就规定不得擅杀奴婢，然而，由于奴婢不可控告主人的传统，这类案件通常难以成立，因此大部分的杀伤奴婢事件恐怕都隐而未发。

据说西晋名臣贾充的妻子郭槐非常好妒，有一次贾充从外面回来，刚好遇到奶妈怀里抱着一岁的儿子，就过去逗儿子玩。郭槐远远地看见，以为贾充是在挑逗奶妈，便将奴婢出身的奶妈处死。贾充和郭槐所生的儿子，因为思念奶妈，不肯吃别人的奶，不久也就哀伤饥饿而夭折。虽然，郭槐丧子，痛苦异常，却也没有听说她因擅自处死奶妈而遭到法律的惩罚。甚至有故事说，后来郭槐又生了一个儿子，也是在怀疑贾充和奶妈有染的情况下，杀了奶妈，造成第二个儿子的夭亡。这导致他们夫妇二人，终其一生，没有男性子嗣。

北魏的时候，一个名叫长孙稚的官员和一名有夫之妇罗氏通奸，在设计杀害了罗氏的丈夫之后，和罗氏结婚。据说由于罗氏年龄比长孙稚大了十岁左右，因此格外嫉妒，不但极力阻止长孙稚纳妾，甚至处死他的奴婢达四人之多。尽管如此，史书说长孙稚仍然非常敬爱罗氏，显然罗氏杀婢不但未受法律制裁，也未影响他们的夫妻感情。而在北齐，一个名叫胡长粲的官员，性好渔色，有一次他的妻子王氏忍无可忍，杀了一个与他有染的婢女。胡长粲愤怒之余，三年不和王氏讲话。即使如此，史书中也没有司法介入的记载。

然而，以上所谈的，都是妻子处死婢妾的例子。倘若女性施暴的对象是自己的丈夫，结果就不可同日而语了。前一章提到，刘宋明帝为了嘲讽女性，曾经命令虞通之写《妒妇记》一书。此外，他为了警告即将成婚的公主，也曾要求虞通之借一位贵族的名义，写了一篇《让婚表》，宣称世家大族倘若娶了好妒的公主，将行动受限，不得纳妾，身心重创，后患无穷。然而，宋明帝对妒妇的打击，并不限于文字游戏。有一名地方官的妻子，就是因为妒忌，而被他判处死刑。刘宋的继任王朝南齐，

妇人乳儿俑

汉魏晋南北朝的贵族家庭，经常选用身体健康、性格和顺的女奴来为新生儿哺乳。奶妈若尽忠职守，得到主人和主妇的信任，未尝不能借此攀龙附凤。然而，如果像贾充家的奶妈一样，引起主妇的妒忌而被杀，由于她们是奴婢出身，案情恐怕也难以被揭露

也一样压制妒妇。南齐明帝时，一名朝廷官员的妻子因为妒忌，用棋盘打伤了丈夫的脸，便遭到皇帝赐以毒药处死。齐明帝更因为另一名官员的妻子善妒，反而故意赐给这名官员几个妾，并且命令他的妻子兜售扫帚、皂荚，作为羞辱性的惩罚。

魏晋南北朝的妇女，以好妒闻名。前一章提到，北朝的元孝友，曾经提议以制度性规范保障纳妾，打击妒妇，却不了了之。相形之下，南朝君主对女性的态度似乎比较严厉。以下的两个案子就显示，伤害丈夫的妻子，不但会身触法网，也会将自己的儿女牵扯进来。而且，由南北朝法律的不同处置方式，也可以揣测南北政权对儒家父系伦理的解释和态度有异。

南北有异

先说南朝的案例。刘宋时代有一个名叫唐赐的人，到邻家喝酒，回家之后，因吐了十多只"蛊虫"而死。临终之前，他要求妻子张氏在他死后剖腹验尸，以便确定自己的死因。张氏照办，亲自动手验尸，可能因为不了解人体构造，也可能是急于找寻丈夫的死因，结果把唐赐的五脏都弄破了。张氏因此遭到官府起诉，而他们的儿子唐副，因为没有阻止母亲的残酷行径，也被控以不孝之罪。然而，由于这个案子发生之后，正好碰上大赦，地方官吏无法决定该如何判刑，便将整个案子往上呈报。和本案相关的三项法律条文也一并送到了朝廷：第一，"律伤死人，四岁刑"；第二，"妻伤夫，五岁刑"；第三，"子不孝父母，弃市"。

在朝廷讨论时，三公郎刘勰为张氏和唐副辩护，指出他们两人是忍着悲痛，遵行唐赐的遗言，并不是故意毁伤尸体。然而，吏部尚书顾觊之却认为，法律对于随便移动尸体的行为，都视为"不道"之罪，何况是妻子，竟然下得了手做一般人所不忍做的事。他主张这种案子不应小看，"当以大理为断"，因此建议判决张氏"不道"，而唐副"不孝"。朝廷采纳了顾觊之的意见，将张氏和唐副母子双双处死。

这个案子显示，在南朝，一个女人如果伤害自己的丈夫，会比伤害一般人（甚至比伤害尸体）受到更严重的处罚。其实，针对整个案子的讨论，如果采用别的条文，或者将大赦考虑在内，应当会判得轻一些。但是，最后的结论却表明了朝廷确立"夫尊妻卑"此一精神的决心。不但如此，本案中唐副被起诉和处决，也透露了儿女在婚姻暴力中进退两难的处境。

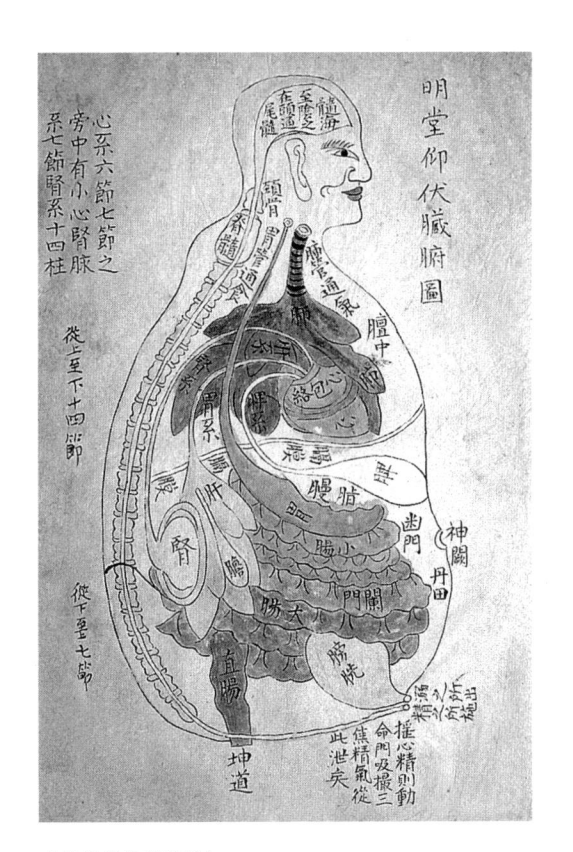

《明堂仰伏脏腑图》

传统中国医书对人体的内部构造有一套看法，上图即为医书的脏腑图。南朝刘宋时的张氏，依照丈夫临终所托，解剖遗体，确认死因，结果弄破了五脏而遭官府处以死刑

《北齐校书图》（部分）

公元 556 年，北齐皇帝下诏典校群书。自汉代以来，朝廷便有图书馆收藏五经诸史，而儒士大夫则引经据典讨论法律中的家族伦理和亲疏尊卑。

然而在北朝，法律辩论的结果，却决定对隐藏母亲暴力的儿女给予比较宽容的待遇。北方在经历了北魏将近一百五十年的统治之后，在六世纪中叶分裂成东魏和西魏两个政权，后来分别为北齐和北周所继承。东魏初年，朝廷颁布《麟趾新制》，继承前朝的法律制度，其中一项条文规定儿女不准告发父母的罪行。不论是父杀母，还是母杀父，儿女都不可以报官。报官之人，将遭处决。这个条文显示，先秦以来"非公室告"之类的传统可能一直延续着。但是，一名大臣窦瑗读到这款条文，却深觉不以为然，便上疏朝廷，发表意见。窦瑗的主张以"夫尊妻卑"和"父尊母卑"为基础，认为法律规范应该符合伦理标准，他说：

> 若父杀母，乃是夫杀妻，母卑于父，此子不告是也。而母杀父，不听子告，臣诚下愚，辄以为惑……知母将杀，理应告父；如其已杀，宜听告官。今母杀父而子不告，便是知母而不知父。识比野人，义近禽兽。且母之于父，作合移天，既杀己之天，复杀子之天，二天顿毁，岂容顿默！此母之罪，义在不赦。下手之日，母恩即离，仍以母道不告，鄙臣所以致惑。

自先秦以来，中国的儒家士大夫便认为，人与禽兽的一个重大区别，在于禽兽只知道顺着自己的情感冲动行事，而人却能够以礼制调节情感的作用。禽兽出生，依母而活，仰赖母兽哺育成长，因此顺着情感，只认母亲。人却不同，父系家族的礼制伦理，虽然承认母恩最亲，但家族中最尊贵的人却是父亲。这一套规范并不抹杀母亲的恩情，甚至要求母亲担负起哺育的重责大任，然而却在认可母慈子孝的同时，认为这只是生物的天性，和禽兽的舐犊之情相去不远。而人之所以为人，则是通过礼制表现"尊父"的精神。倘若生的是人的样子，行为却和禽兽一般，那么就不是文明人，而只是野人了。

知道了这些，就不难理解窦瑷的想法。站在父系伦理的立场，丈夫是妻子的天，父亲是儿女的天，一旦母亲杀了父亲，就同时毁了母子两人的天。既然她毁了我的天，我就不能再把她视为母亲，因此必须告发她。至于父亲杀害母亲，基于"夫尊妻卑"和"父尊母卑"的理由，做儿女的不能告发自己的天，因此隐藏真相乃情有可原。

皇帝接到窦瑷的上疏，下诏由尚书官员负责讨论判决。当时的尚书三公郎封君义立刻裁定，否决窦瑷的论点。他的理由正是着眼于一个"情"字：

> 身体发肤，受之父母，生我劳悴，续莫大焉。子于父母，同气异息，终天靡报，在情一也。今忽欲论其尊卑，辨其优劣，推心未忍，访古无据。母杀其父，子复告母，母由告死，便是子杀。天下未有无母之国，不知此子将欲何之！

按照封君义的看法，儿女同时从父母身上得到生命气息，对两人有一样程度的情感，怎么可能忍得下心，突然要他们分辨父母之间的尊卑优劣呢？假如儿女告发了母亲，母亲被判处死刑，不就等于儿女杀了母亲吗？天下没有一个地方没有母亲，那么要叫这种害死母亲的儿女到哪里去呢？封君义认为要求儿女告发母亲，是没有传统根据的。

窦瑗接获尚书的裁定之后，继续申述，为了表示他的主张乃"访古有据"，更加引经据典，说明夫尊妻卑的道理，自古而然。他提出的一项证据，就是《仪礼·丧服》中规定："父在为母"服一年之丧。根据《仪礼·丧服》的标准，父亲去世，子女应当为他服"斩衰三年"之丧。但若母亲去世，则必须视父亲是否仍然健在，而作不同的处理。假若母亲去世时父亲仍活着，为了"尊父"，子女为过世的母亲，再怎么悲痛难忍，也只能服"齐衰一年"之丧。只有当父亲去世之后再遭母丧，子女才得以为母亲服三年之丧。这其中最重要的理由，就是"父至尊"和"夫尊妻卑"的原则。

窦瑗依据上述父系礼法原则，继续提出异议。虽然如此，但朝廷并未再作答复，而是维持了封君义的结论。六世纪魏收所写的《魏书》，以及七世纪唐代史家李延寿所编的《北史》，都将窦瑗的生平和他的这一段议论收在《良吏传》中，似乎两位正史作者都同情或赞成窦瑗的说法。然而，这种说法显然和当时北方社会所熟悉的亲子伦理不符，也和北方政权的法律观点相异。即使到了唐代，和斗殴相关的法律条文，在这一部分仍然保留了北朝的精神。唐律中规定，倘若生母杀死父亲，儿女不准报官，只有在"嫡母""慈母"或"继母"杀死父亲的情况下，儿女才能告发。

谁是我的母亲

前面说过，根据传统中国的父系家族伦理，一个小孩最优先和最重要的身份，是父亲的儿女。至于这个小孩和生他的女人在父系伦理规范下如何定位，则由这个女人和小孩父亲的关系来决定。唐律中所称的生母，就

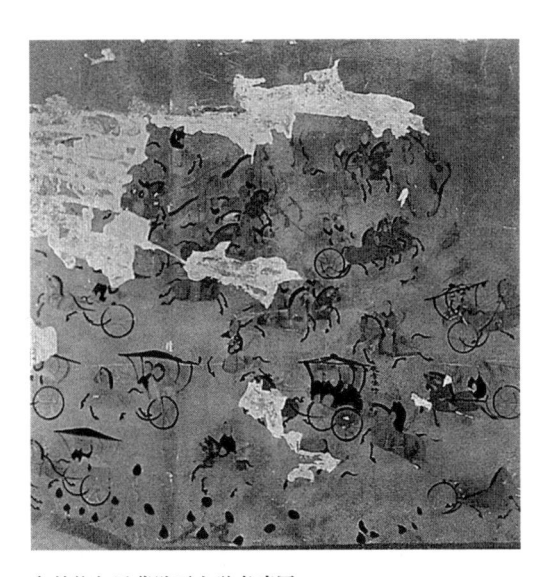

第三章 家丑不外扬：婚姻暴力与妇女地位

和林格尔汉墓壁画之举孝廉图

本图所绘是墓主汉代护乌桓校尉举孝廉初仕宦时的情景。自汉代以来，孝道一直是专制皇朝所提倡的伦理，甚至用它作为举才任官的标准。表现孝道的重要方式之一就是守丧，但是士人和女主对于古典礼经中为母守丧的规定，却有各种不同的意见

是小孩的亲生母亲，但在传统一妻多妾的婚姻制度中，她可能是小孩父亲的嫡妻（大太太），也可能是父亲的妾。如果她是嫡妻，那么她既是生母也是"嫡母"；如果她是妾，那么小孩的嫡母便另有其人。妾如果在生产之后去世，无法亲自抚养幼儿，则由父亲另外指派一名妾来担负照顾的责任，按照古典礼经的界定，这个女人就被称为小孩的"慈母"。如果嫡妻生产之后去世，父亲再娶，那么这个后来的女人就是小孩的"继母"。由此看来，唐律不准儿女告发母亲的规定，仍是着眼于生育的恩情。除了生母之外，如果家族中其他女人杀害父亲，即使她们有"母亲"的名分，做儿女的仍应告发。

男女有别

从以上根据各种史料所作的分析，可以针对古代的婚姻暴力问题作以下几点观察。首先，男人的暴力行为通常针对妻子，而女人的目的在于赢回丈夫，因此会对其他女人暴力相向。其次，当婚姻暴力导致人员伤亡时，除非死的是丈夫，否则案子通常难以成立。再者，即使案子成立，判决的结果也可能因人而异。其中影响的因素，包括受暴者与权贵的关系、施暴者的政治资源等，因此并不完全取决于夫妻的相对地位。

然而，就"夫尊妻卑"精神的法制化而言，至少有两点是可以确定的。第一，秦代法律对于夫妻相伤相杀的处罚，看不出来有什么差别待遇，汉初却已见到改变，到了南朝，政府为了确立婚姻关系中的"夫尊妻卑"精神，对伤害丈夫，甚至只是伤害丈夫遗体的妇女，处罚都比一般人来得严厉许多。第二，虽然中国有法医学的传统和"保辜"之类的条文，但基于"非公室告"的精神，大部分的婚姻暴力案件恐怕并不容易成立。因此，母杀父的案件中，儿女的告发变成了重要线索。即使如此，北朝政府在经过激烈辩论之后，仍然主张儿女不应告发母亲，也就是站在情的角度，为做儿女的留了一条比较宽广的路。

"亲亲容隐"的条款，其实和另一项法律规范"连坐"互为表里。被容许隐藏犯罪事实（如家庭暴力）的亲人，在东窗事发后不会受到牵连处分。相反地，被认定应该要举发犯罪事实（如谋反叛国）的人，如果当时不告官，事后就会遭到连坐惩罚。因此，判断一个家族中的成员，谁可以隐藏亲人、谁不能够免除刑责，其实也正是在表现这个家族包括哪些人，以及这些人之间的亲疏尊卑关系。接下来就谈谈法律中的家族主义，这是魏晋南北朝父系伦理法制化的重要课题，也是判断女性家族认同的标准。

肆

第四章
生为夫家人，死为夫家鬼：法律中女性的夫家认同

北魏朝廷针对刘辉案判决时，将张容妃的哥哥张智寿、陈慧猛的哥哥陈庆和处以流放之刑。崔纂坚决反对，并且引用了一项从汉朝以来就颁行的法条，说明即使张、陈两位兄长隐藏妹妹的犯罪事实，也没有触犯法律。崔纂征引的是公元前66年汉宣帝的诏书，其中规定：子女隐藏父母、妻子隐藏丈夫、孙子女隐藏祖父母，法律都不追究。至于父母隐藏子女、丈夫隐藏妻子、祖父母隐藏孙子女，倘若涉及死刑，应该上报朝廷，由皇帝亲自审理。这就是"亲亲得兼容隐"的精神。

容隐

在"容隐"条款中，子女、孙子女和妻子，隐匿父母、祖父母和丈夫，法律自动不加追究，但反过来的话，就必须由皇帝来判断。之所以如此，是因为汉代的朝廷认为，父母、祖父母和丈夫有教导训诲子女、孙子女和妻子的责任。如果平常没有好好负起教诲之责，在卑幼犯错时又加以隐匿，是否值得同情宽容，必须通过个案处理才能决定。然而反过来说，子女、孙子女和妻子，平日没有教训父母、祖父母和丈夫的权力，出事的时候，基于亲情而窝藏他们，当然被视为情有可原。

根据《仪礼·丧服》的规定，父母和子女之间、祖父母和孙子女之间，以及夫妻之间，彼此服丧的期限，从一年到三年不等。因此，期亲，也就是互相服一年丧的亲属，便成为法律上准许藏匿的亲属关系的下限。前一章曾经讨论，北魏的窦瑗基于"父尊母卑"的原则，主张子女不得隐藏母亲杀害父亲的事实，却遭到驳回。可见，容许父母和子女之间互相隐匿的精神，从汉代，经过北朝，到唐代都一直保留着。

除了祖父母和孙子女之间外，期亲还包括兄弟（见"本宗五服图"）。汉代"期亲得兼容隐"的精神，在魏晋南北朝时期可能范围稍微扩大，将兄弟也包括在内。当崔纂为张、陈两位兄长辩护时，就是引用的汉宣帝以来的"期亲容隐"条款。他认为即使在一般的案件中，期亲都可以互相隐藏，更何况像通奸这么不光彩的事情。崔纂也反对以"亲属连坐"的角度处罚张、陈二人，一方面是因为通奸罪在法律上原本就没有连坐的规定；另一方面也更为重要的是，因为女人出嫁之后，娘家就没有为她连坐的义务了。

族刑与连坐

自从先秦以来，"族刑"与"连坐"就一直是统治者吓阻犯罪和发觉奸逆的手段，尤其是对于谋反叛国之类的"大逆不道"罪，朝廷向来鼓励检举，否则东窗事发的时候，亲属、邻里和同僚等相关人士，将被视为知情不报，而遭到牵连惩治。严格来说，族刑与连坐应该是两种不同的处罚方式。族刑只针对家族，也就是诛灭所有家族成员。连坐则不限于家庭，并且未必诛死，也可能处以流放之刑。战国时代，商鞅担任秦国左庶长时，命令人民互相监控，连坐的种类就包括了全家连坐、邻里连坐和军伍连坐。

由于秦朝到西汉初年，人们主要采用核心家庭的居住模式，"家"和"族"的成员差不多，大概都只包括父母、妻子儿女和未成年的兄弟姐妹。因此，全家连坐的范围，和族刑相去不远，虽然未必都和族刑一样全部处死，但也是一人有罪，逮捕全家，殃及父母、妻儿和兄弟姐妹。

军阵中景

古代政府以连坐之法要求人民举发犯罪。商鞅担任秦国左庶长推行变法时，连坐的种类包括全家连坐、邻里连坐和军伍连坐。因此像图中所示的军伍，既是并肩作战的袍泽，也是互相监控的团体。不过，连坐之法在汉代以后陆续有所修正，尤其是全家连坐的范围，由于家族扩大或为了照顾女性，时有增减。

1975年，考古学家在湖北省云梦县挖掘出一大批公元前三世纪秦代的竹简，其中包括了许多和法律相关的文书档案。前面曾经提到的男女通奸遭到逮捕、流产验伤报告，以及"非公室告"传统等资料，都出自这批竹简当中。在这些档案中，就有奴隶犯罪，官府连带逮捕他的妻子儿女的例子，即使他的妻子原本是自由人而不是奴婢，他的儿女还幼小得离不开母亲，也不例外。

　　过去学者认为：西汉初年，法律运作上，一般还是继承秦代的制度，仍旧施行全家连坐的办法。1983年在湖北江陵县的张家山，出土了大量吕后时代的法律文书，也证实了这个看法。族刑连坐之法，一直到汉文帝时，才下令群臣商量修改。汉文帝在母亲生病时，以"衣不解带、亲尝汤药"名列二十四孝，又以同情缇萦救父而废除肉刑的慈悲心怀闻名。他认为连坐的理论基础，在于吓阻人民犯罪，这不是正途；反之，皇帝百官应该教导人民为善，才算是贤明。

　　不过，虽然在汉文帝统治时，号称修改了族刑连坐的刑法，在他之后的许多谋反大逆案件中，父子相坐受罚的情形，却仍然屡见不鲜。就在汉文帝自己仍在位的时候，一名叫朱建的官吏，为他的主子淮南厉王策划谋杀政敌辟阳侯。事成之后，朱建立刻自杀，并且对他的

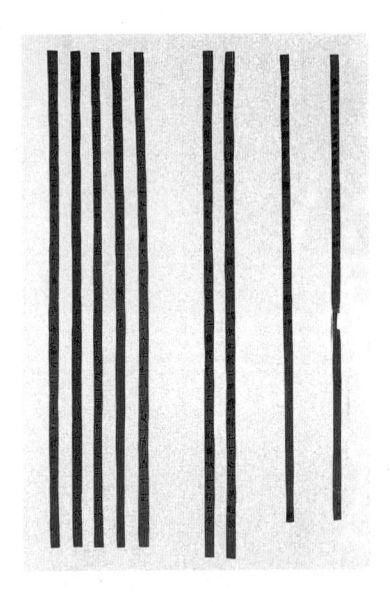

秦代竹简

中国古代的法律文书大多亡佚，现存比较完整的是唐律。至于唐代以前的资料，一部分存在于正史、政书之类的文献中，一部分则靠过去数十年来的考古挖掘，才得以重见天日。本图所示是1975年在湖北云梦睡虎地秦墓中发现的竹简，其中保存了大量秦国时代的法律文书。本书中所提到的斗殴流产调查报告，就是出自这份文件

汉文帝孝亲图

传统史书描写孝子侍奉生病的父母，经常以"衣不解带、亲尝汤药"来形容。据说汉文帝就是这样照顾母亲历时三年之久，而赢得令名美誉，并且又因为同情缇萦救父而废除肉刑。西汉初建国时，原本继承秦代的族刑连坐之法，也是到了汉文帝时，才下令群臣商量修改律令，以免伤害无辜的人民

儿子们说："我死祸绝,不及乃身",似乎想以自杀一了百了,来避免儿子们遭到连坐。在另一个案子中,赵国太子怀疑一名官吏江充对自己不利,想捉拿江充又捉不到,就将他的父亲和兄长逮捕下狱,并且处死。由此看来,对统治者而言,家属连坐是一个容易上手的利器,要完全废除,几乎不可能。即使如此,在汉代,由于家庭伦理和社会组织的发展变迁,连坐处分的条文和运用仍然经历了一些修改和演变。

就拿大逆不道罪来说吧。在西汉初年,谋反叛国罪嫌,通常处以"腰斩",就是从腰部斩断的死刑方式,而他的父母、妻子儿女和兄弟姐妹,则一律处以弃市。全家遭到诛杀,所以这是一种"族刑"的模式。但是在汉武帝的儿子昭帝继位之后,或许是由于政权比起建国初年已经相对稳定,或许是基于"上天有好生之德"的宇宙观,谋反大逆案发之时,朝廷的判决,大多只限于本人处死,亲属则减为流放或削爵免官。

例如,昭帝时,权臣霍光当政,昭帝的叔叔燕王和姑姑长公主策划谋杀霍光,夺取政权。谋反事迹败露,燕王和长公主以大逆不道的罪名被处死,但是他们的子女以及同谋者的父母、兄弟等,这些在汉初都会被砍头弃市的亲属,在这次的判决中,却都只是被从贵族贬为平民。又如,汉宣帝时，司马迁的外孙杨恽在写给他朋友孙会宗的信中大肆批评朝廷。信件传到皇帝手上，皇帝读了震怒，认为杨恽大逆不道，将他处以腰斩，不过并未处死他的妻子儿女，而是将他们流放到西北的边疆去。

虽然，在西汉晚期，全家诛灭的族刑治罪逐渐转变成连坐的形式，也就是只有本人处死而家属流放，但是，由于东汉以后，世家大族在政治和社会上的影响力越来越强，朝廷为了防止有漏网之鱼，家属连坐的范围逐渐扩大。受到牵连处分的，不再限于父母、妻儿和兄弟姐妹，有时也包括"期亲"以外的家族成员。并且，由于儒生"学而优则仕"的比例越来越高，士人家族和累世公卿重叠的现象越来越明显，东汉朝廷为了避免师徒朋党互相奥援，便经常祭出"禁锢"的手段。当大臣因为批评皇室而被判处大逆不道罪时，连带也不准他的学生亲友入朝为官。换句话说，连坐的范围，从家人扩大到了师友之间。

❀ 离婚避祸

值得注意的是，家属之中，父母子女和兄弟姐妹都是血亲，受到连坐波及，可以说是"无所逃于天地之间"，跑也跑不掉。但夫妻关系，根据传统礼书的说法是"胖合"，也就是原来没有血缘关系，结了婚才成为亲戚。如此看来，夫妻之间连坐的义务，应该以婚姻关系的存续为前提。假如双方已经离异，谋反大逆才东窗事发，基于"夫妇名义已绝"的理由，另一方似乎不应受到牵连。汉昭帝时的权臣霍光，将一个女儿嫁给金赏。昭帝驾崩，宣帝即位，霍氏在政治斗争中落败，企图谋反而不成。事迹即将败露的时候，金赏为求自保，上书要求休妻，而宣帝照准。因此当霍光全家，包括他的女儿都被判刑的时候，前女婿金赏却毫发无伤。

金赏休妻，目的在避祸，非常明显。宣帝虽然同意放过他，但是并没有在诏书或判决中说明夫妻是否连坐的判断根据何在。到了宣帝的孙子成帝在位时，定陵人淳于长谋反大逆案发，为了判定他的六名妻妾需不需要连坐，朝廷才把夫妻连坐的伦理基础讲明白。当时负责审理本案的大臣孔光，发现被捕的人当中，包括了一个名叫乃始的女人，她和另外五个女人，都曾经是淳于长的"小妻"，也就是妾。但是早在案发之前，她们就已经被淳于长休弃，有的人甚至已经改嫁了。孔光考虑之后，决定上报皇帝，要求释放她们，他的理由是：

夫妇之道，有义则合，无义则离。长未自

> 知坐当大逆之法，而弃去乃始等，或更嫁，义已绝，而欲以为长妻论杀之，名不正，不当坐。

孔光认为，淳于长在休弃乃始等几个女人的时候，并不知道自己将来会犯大逆之罪。案发之时，她们和淳于长之间的夫妇之义早已断绝，要用夫妻连坐的条文来处罚她们，当然是名不正而言不顺了。孔光的意见得到皇帝的认可，从此确立了夫妻连坐，必须以婚姻关系存续为准的原则。倘若女子已经脱离夫家，既无妻妾之名，也无家人之实，再加上法律不溯既往的原则，当然不必连坐。

离婚的妻子不必为丈夫的罪行负责，但出嫁的女儿却仍会因犯法的父亲而受罚，霍光的女儿就是一个例子。显然在汉代，出嫁的女儿不是泼出去的水，至少在法律上，她的家族认同不限于夫家，并不必然是"生为夫家人，死为夫家鬼"。不过，这种情况到三世纪西晋初年修法的时候发生了变化。而这个变化，也正是崔纂用来替张、陈二位兄长辩护的基础。

敦煌石室中的唐人"放妻书"残片

古人认为"夫妻以义合",倘若已经没有感情,或无法共同生活,可以离婚。唐代的"放妻书"显示,丈夫送走妻子,并祝福她寻得美满幸福的第二春。由于离婚之后,夫妻便不再互负法律责任,因此也有人在亲家谋反案发之前,为了逃避连坐而赶紧离婚。

出嫁从夫

西晋初年的修法,肇因于曹魏末年时的一宗谋反大逆案件。曹魏末年,司马懿、司马师和司马昭父子三人陆续当权,镇东大将军毌丘俭与司马家不和,举兵作乱,谋反被诛。他的儿子毌丘甸、儿媳荀氏、孙女毌丘芝,都以连坐当死。荀氏的一位族兄和当时掌权的司马师有姻亲关系,便通过层层关说,请求救命。司马师上表皇帝,请曹魏皇帝下诏准许荀氏和毌丘甸离婚。傀儡皇帝看了权臣司马师的上表,当然照准,荀氏因此保住一命。然而荀氏舍不得女儿毌丘芝,便向司隶校尉何曾求情,表示自己愿意贬为奴婢,到官府服役,来赎女儿的死罪。毌丘芝这时早已嫁给颍川太守刘子元,并且有孕在身,正是因为待产,所以没有被立即处决,还关在牢里。何曾可怜荀氏母女,就差派属下程咸上疏朝廷,为毌丘芝辩护。

程咸的议论影响深远。他表示,女人在家从父,出嫁从夫,夫死从子,不能自己做主。女人一旦出嫁,即使娘家的父母去世,原来的"斩衰三年"之丧,都要降成"齐衰一年",目的就是表示她已经是外人了,和在娘家时的身份不一样。程咸认为现在的法律罔顾伦理,父母有罪，要追捕已经出嫁的女儿，夫家犯法，媳妇又要随着异姓受罚。一个人的身体要遭到内外两种处分，并不公平。他主张："今女既嫁，则为异姓之妻；如或产育，则为他族之母。"结婚生育的女人，她的家族认同应该从娘家转到夫家。如果男人不必为别家的罪行负责，女人为什么需要肩负两家的重担？程咸坚持这实在不是怜悯弱势女性的态度，也不是伸张法制的根本之道。所以他建议：

> 在室之女，从父母之诛；既醮之妇，从夫家之罚。宜改旧科，以为永制。

程咸上疏之后，皇帝下诏修改律令，毌丘芝想必逃过一劫。不过，整套法律，要到三世纪中叶司马炎篡魏即位为西晋武帝之后才修订完毕并正式下诏颁布施行。新颁行的法律中清楚地规定："谋反，适养、母出、女嫁，皆不复还坐父母弃市"，不论是出养的儿子、离婚的妻子，还是出嫁的女儿，都不必因为原来的家庭成员谋反而遭到连坐弃市的处分。同时，该法更明白地表示，为了彰显礼教大防，以后审案裁判都要以"五服"的伦理精神为准。

这套伦理精神和审判基础，想必也纳入了六世纪北魏朝廷的律令之中，因为崔纂正是引用这些条文来为张、陈二位兄长辩护。不过，这些条文的原始目的，并不是为已婚妇女的娘家兄弟开脱，而是确定女性一旦出嫁，她的家族认同转到夫家，连坐责任也随之改变。事实上，从西晋修律之后，到北魏崔纂引用之前，这几百年间，女性不但会因为夫家谋反之类的重罪而遭到处罚，也经常为丈夫所犯的大小罪行而受到牵连。东晋的时候，就有一位原本颇受地方人士信任的女性宗教领袖，因为丈夫抢劫，夫妻连坐，而被贬为奴婢。有趣的是，当地方官吏同情遭到连坐的女性，企图为她们说话时，多半都采取"女流天生软弱"的论述方式，来推动另一波的法律修订。

同情女弱

以同情女弱的论述方式，为连坐女性寻求开脱的例子，不一而足。例如，公元300年的某一天，正是一位姓解的小姐要嫁到未婚夫裴家的前夕，却因父亲解结被控谋反而遭到逮捕。由于解氏将因族刑连坐而被处死，裴家为了拯救未来的媳妇，打算谎报成婚日期，企图通过"已嫁之女不坐娘家之刑"的原则来挽回解氏一命。但是，解氏并未领情，宣称如果父母兄弟皆亡，她没有独活的意愿。

由于解氏的坚持，她最后仍被依法处决。不过，由于她的死，朝廷随后展开了一系列的讨论，尝试减轻女性在谋反大逆罪中的连坐责任。公元307年，西晋政府终于正式废除了族刑。虽然在公元325年，东晋政府为了高压统治，再度恢复族刑，不过，明文规定女性不必被处死。之后的南朝政权延续了这种减刑的精神，梁国的法律就规定，一个人若犯了谋反大逆罪，他的父亲、儿子、兄弟都会被处死，但他的母亲、妻妾以及其他女性亲属，则只会被贬为官婢。

这种减刑精神在北朝也可以看得到。四世纪初，在鲜卑拓跋政权尚未建立王朝统治华北之前，对谋反大逆的人会采取极为严厉的处罚：除了本人被处死之外，他的家属，不论男女，也都会被砍头。公元431年，北魏建国之后，太武帝命令汉人官僚崔浩主导修法，这次修法针对谋反大逆作了一些改变：谋反之人仍要遭受腰斩，和他登记在同一个户籍之下的所有男性家属也都会被处以死刑，但是十四岁以下的男孩则处以官刑（想必是去势之后，才能贬入官府为奴），而所有女性亲属则贬为官婢。

女性为丈夫连坐的例子并不限于谋反大逆，而她们所受到的刑罚也不仅是贬为官婢而已。东汉末年，战事频仍，兵士多逃亡，朝廷为起吓阻之效，规定逃兵的妻子应连坐受罚。北魏也有类似的规定，主张假使小吏在犯罪之后逃亡，他的妻儿应被流放到边疆。由此看来，女性如果因为丈夫犯罪逃亡而遭到连坐处分，想要减轻自己的刑罚，只有全力质疑婚礼程序是否完整或婚姻关系是否存在，才可能如愿。同情女性的官员在为她们辩护时，便多采取这类策略，因此也不免顺便申论传统儒家经典对于婚礼和婚姻的定义。有时候，讨论集中在儒家经典如何界定父系家族中的"妇"；有时候，则在"女性有三从之义"的原则上着墨。

例如，在东汉末年对逃兵妻子严刑峻法的规定下，就有一位官员借由分析婚礼程序来拯救一名妇女的性命。当时一位姓白的女士，才嫁到夫家没几天，根本还没能和丈夫见面，就因为丈夫逃避兵役而遭连坐逮捕。朝廷起初判她弃市，地方官卢毓看不过去，为她求情。卢毓提出两项礼法上的原则来质疑朝廷的判决。第一，他指出，古典礼经规定，一个女人嫁到夫家之后，必须在五天之内"庙见"，也就是拜见夫家的祖庙，才算完成婚礼，成为夫家的媳妇。如果她在这五天之内去世，她的遗体

北魏奴童俑

古代宫廷和贵族官家大多蓄养奴婢以供差使。奴婢的来源各异，或是自愿没入，或是招募良民，或是战争俘虏，或是犯罪连坐。北魏初年谋大逆罪的犯人及其家属大多以族刑处死。五世纪时修法，规定谋反者腰斩，十四岁以下的男孩和所有女性家人则贬为官奴、官婢，就是以连坐犯人为奴婢的一个例子

汉陶兵马俑

东汉末年战事频仍，不少百姓不堪其苦而逃避兵役，却可能因此牵连妻子儿女遭到连坐处分

必须运回娘家安葬，也就是说她还不算是夫家的人。第二，法律的精神向来主张重惩主犯而轻罚从犯，并且宁愿释放可疑之人，也不应错杀无辜。

显然，卢毓引用第一项原则，是在说明白女士的身份还不能算是夫家的人；而他引用第二项原则，则是强调逃亡的新郎才是主犯，白女士是受到牵连，企图为她寻求较轻的处罚。卢毓认为女性是通过与丈夫见面行房，才有恩情可言，又要经过"庙见"仪式，才算成为媳妇。白女士活着没见过丈夫，倘若死了，也进不了夫家的祖庙。假使女性在这么悲痛的情况下都要被处以弃市，那么真正的夫妻之间要连坐处罚到什么程度才算足够呢？他接着建议，如果白家真的已经接受聘礼，将女儿送到了夫家，朝廷可以将白女士处以徒刑，至于死刑，就太严重了。

在另外一个刘宋时代的案件中，一位官员则是以"三从之义"原则为一名妇女开罪。这名妇女已经守寡，却因亡夫的侄儿抢劫，害她和孩子遭到牵连逮捕。刘宋法律规定，抢劫犯的期亲需连坐充军。寡妇和亡夫的侄儿既然属于期亲关系，看来似乎活罪难逃。她的儿子，虽然和抢劫的堂兄弟只有"大功九月"的丧服义务，却因母子关系，也将被发配军中服役。尚书官员何承天得知此事，表示异议，提出两点质疑。

何承天的质疑如下。首先，法律规定抢劫犯的亲属连坐，并不包括大功之亲，因此他的堂兄弟应该不必受到牵连。其次，《仪礼》之类的古典礼经早就明白规定，女人有"三从之义"：在家从父、出嫁从夫、夫死从子。倘若在抢劫之时，叔父尚在人间，那么期亲连坐，妻子随丈夫服刑，还说得过去。如今，抢劫案是发生在叔父去世之后，叔母"夫死从子"，既然抢劫犯的堂兄弟不必连坐，他的母亲当然也不用受罚。何承天批评原先的主审官之所以会搞不清楚状况，正是因为没能分辨男女之别。

不论是通过婚礼程序的分析，或是借由夫妇伦常的讨论，从上面的案例都可以知道，传统礼制认为：女性一旦结婚，就应改变家族认同。而针对连坐与容隐相关条文的辩论和修正，也让我们清楚看到，魏晋南北朝的法律正朝着儒家化的方向迈进：强调已婚妇女的夫家认同。本书的重要人物，北魏尚书三公郎中崔纂，正是以这些前朝的案例为基础，在为张、陈两位兄长辩护的同时，也界定了刘辉殴主伤胎案的属性。正因为已婚妇女的家族认同已经从娘家转到夫家，她既不为娘家的人连坐，娘家的人也不该因她而受罚。同理，公主婚嫁产育，腹中怀的，不是皇室的成员，而是刘辉的骨肉。因此，张智寿和陈庆和既不必为出嫁的妹妹受难，刘辉所犯的也不是大逆之罪。

话虽如此，北魏朝廷却没有接受崔纂的论调，相反，最后的判决明白地彰显了统治阶层内部关系紧绷的双方：一方是由游牧民族女性统治者所代表的皇权，另一方则是大多具有儒家教育背景的汉人或汉化官僚。

伍

第五章

牝鸡司晨？女人当家！

北魏刘辉殴主伤胎案，涉及非常多的方面，有些发展的结果影响深远，有些则不一定。其中有两个方面，是作为现代读者所不能忽略的：第一，皇权介入决定了最后的审判；第二，这次介入的皇权带有特殊的性别意涵。先说皇权介入司法运作的问题。

皇权与司法

过去一百多年来的历史研究，在提到传统中国社会维护儒家道德的时候，专制皇权常被视为主要的动力，并且积极参与了儒家伦理的法制化过程。然而，晚近的研究却显示，历代政府在采纳和运用古典伦理思想时，其实具有高度的选择性。朝廷的态度是，用来实践伦理思想的法律规范，除了配合一般社会风俗习惯之外，最重要的，是不能挑战或威胁到统治者的最高权力。

就拿复仇的风尚来说吧。在古代以家族为主的社会中，血属复仇的观念相当普遍，古典的礼经中也认可为父母兄长报仇的行为。然而，到了秦汉帝国的时代，政府为了掌握人民的生命权，不得不压制这种风气。只是，这些压制措施，至少到东汉末年，都没能将复仇的习俗连根拔起。追究原因，主要是汉代政府在施行法律统治的同时，也提倡孝父悌弟的家族伦理。伦理观念既然渗入律令之中，也就影响到执法者的心态。复仇有了伦理基础，就很难纯粹以法律来遏止。到了曹魏的时代，法令律例对于为父兄复仇的案子，不得不采取某种程度的妥协。尽管如此，对于其他以复仇为名的行为，却仍严厉禁止，极力设法清除。也就是说，帝国政府对于古典礼经中所认可或鼓励的伦理观念，只是有限度采用，并不是无条件接纳。

此外，提倡儒家伦理精神，推动法律儒家化的措施，有时是因应世家大族的请求，未必出自皇权的主动介入。前面讨论过毌丘俭的案子，从事件的发展顺序，我们可以知道，"已嫁之女不坐娘家之刑"这种符合儒家家族主义精神的法律，是因为毌丘俭的儿媳妇荀氏舍不得女儿毌丘芝，上书求情才引发争议，导致修改，并不是皇权基于对儒家伦理的崇敬而积极推动的。事实上，当儒家家族主义的精神和统治者的最终利益相违背的时候，皇权并不会坐视，反而会主动干预，复仇习俗受到压抑是一个例子，刘辉案的判决则是另一个。在刘辉的案子中，崔纂引经据典，申论"夫尊妻卑"与"夫家认同"的婚姻伦理，皇帝不但没有称扬嘉许之意，反而透过门下官员之口，表达了强烈的不满和异议。

在北魏的政治体制中，门下、中书和尚书省各有职司。当皇帝要表达意见、宣扬旨令、制定政策或裁定廷议的时候，中书省负责参决大政并草拟诏书，而由尚书省总理执行。门下省则属于流通渠道的性质，出入禁中与朝廷，负责皇帝、中书和尚书之间的文件传递，这也就是为什么崔纂和游肇在批评门下逾越职权的时候，说"门下中禁大臣，职在敷奏"，应该谨守上呈公文和下达命令的角色，对刘辉一案的判决没有置喙的余地。

然而，作为最接近权力核心的部门，门下官员其实有许多机会可以影响决策的过程。此外，当皇帝不喜欢中书草拟的意见，又无法要求中书官员乖乖听命的时候，也可以通过亲信的门下官员贯彻自己的旨意。对于执行任务的尚书省而言，假使发觉命令不是经中书草拟、由皇帝确认，当然会提出质疑。崔纂是尚书三公郎中，而游肇是尚书右仆射，两人都隶属于执行任务的尚书省，对于门下所提刘辉案的判决不满，要求皇帝重新指派适任的部门再审，可以说是据"理"力争。只不过，门下官员之所以能够代拟判决，当然是因为有皇帝撑腰。崔纂也晓得这种情形，所以他的抗议，其实并不只是针对政府各部门的权责分配问题而发，同时也是针对皇帝通过非正式渠道介入司法、展现权威的做法表达异议。

从内朝到外朝

其实，自汉朝以来，历代皇帝都必须仰赖正式的官僚机构统治天下，然而当官僚机构逐渐运作自如，仿佛自成体系、独立于皇权之外的时候，皇帝为了避免官僚体系违背自己的旨意，又会借由非正式的渠道介入，以确保自己的权威与利益。汉代初期的中央政府，由三公九卿所统领的官僚机构管理天下并对皇帝负责，然而到了东汉晚期，皇帝无法信赖百官之首的丞相，于是原本带有皇帝秘书性质的尚书，便通过与皇帝商议大事、起草诏书之类的活动，逐渐得势。尚书参与政策决定和政务施行的日子一久，便渐渐从内朝（皇宫中）的一分子变成了外朝（朝廷上）的成员。变成正式官僚机构的一部分之后，尚书就失去了随皇帝号角起舞的弹性，皇帝

第五章 牝鸡司晨？·女人当家！

历代帝王像

自汉朝以来，历代皇帝都必须仰赖正式的官僚机构统治天下，又唯恐以宰相为首的群臣会违背自己的旨意，因此不断选用亲信担任非正式的秘书，代表皇帝与群臣折冲，却造成秘书职官一波一波由内朝转任外朝的现象

用得不上手，就会另谋出路，另寻秘书。于是，秘书令，也就是后来的中书令，便逐渐在曹魏的皇宫中崭露头角。

然而，中书令的发展和之前的尚书相去不远，逐渐由皇帝的私人秘书转变为朝廷的公共部门。到了南朝，皇帝为了方便，在中书省之下再设置一个舍人省，任用其中的中书舍人贯彻自己的旨意。北魏孝文帝在五世纪末主政时，推行汉化，改革制度，在官僚体制方面则模仿南朝，其中最具体的例子就是舍人省，包括官员和官号都采用南朝的制度。中书舍人在六世纪初的北魏宫廷中，权力逐渐高涨。不过，就在同时，隶属于门下的侍中和黄门侍郎，他们的势力也在膨胀之中。中书监、令和门下侍中的职权混淆难分，门下甚至有凌越中书的态势。如此一来，在位的皇帝和代表皇帝摄政的太后，不论是孝文帝、宣武帝，或是灵太后和孝明帝，在贯彻意旨、伸张皇权这方面，可以说是空间宽广而游刃有余。这种现象，正是引起崔纂不满，进而提出质疑的原因。

法律世家

崔纂来自著名的法律世家博陵崔家。博陵在今天河北省衡水市安平县附近，崔家在北魏曾经出过不少重要的法律官僚。崔挺在孝文帝在位初期，也就是文明太后摄政的时代，曾经因为参议修订律令，而获得皇帝（其实是太后）赐赠布帛八百匹、谷粮八百石和牛马各两头。文明太后的亲信，也是为她执行制度改革的尚书李冲，就十分器重崔挺，孝文帝还因此召纳崔挺的女儿入宫为嫔妃。崔挺的弟弟崔振，在宣武帝初期兼任廷尉少卿，因为"明察有公断"而受到当时人的称赞。崔挺的儿子崔孝芬，从小就聪慧好学，一生仕宦之途颇为顺畅。在孝明帝初期，也就是灵太后摄政的时代，他担任廷尉少卿，还将一位因贪赃枉法而被弹劾的王族处以重刑。

崔纂是崔挺的族子，也就是这些崔氏法官的族人。他自从二十出头开始做官以来，就很有主见。三十几岁担任廷尉正的时候，每次碰见重大案件，都能详细搜证、清楚辨析、给予公断，因此百姓对他的评价很高。由于自视甚高，不愿屈居庸才长官之下，他在写了一封意气风发的信给长官之后，就请求转任其他职位，终于在四十岁左右的时候出任尚书三公郎中，刚好遇上刘辉的案子。

游肇来自广平游家，广平大约在今天河北省邯郸市广平县附近，游氏在北魏也是以法律世家闻名。游肇的堂伯游雅，在公元451年太武帝在位的时候，曾经受命修订律令，以协助鲜卑拓跋氏族更有效地统治中原的汉人社会。游肇的父亲游明根，在五世纪末孝文帝执政时，也曾奉诏参定律令，并且由于勤奋不懈，获得皇帝奖赏布帛一千匹、谷粮一千斛。游明根历任内外官职达五十年之久，以仁和礼让的态度处世接物，受到当时人的推崇。魏收在《魏书·游明根传》中称他"以儒老学业"，我们可以推测，他的法律专业是以儒家思想为基础的。游肇自己则是在孝文帝的儿子宣武帝在位时，担任廷尉少卿，负责处理法律案件，而在宣武帝的儿子孝明帝即位之初，也就是灵太后摄政的时候，转任尚书右仆射。这些人物，按今天的体制来说，都是属于中央政府层级的司法官员。

　　自从东汉末年以来，法律知识就一直仰赖家学的方式传递。其实，汉朝创建之初，继承秦代制度，在养成和任用官吏的时候，非常重视他们的行政能力和司法知识，因此中央政府的官员莫不通晓律令。但是到了东汉末年，一方面朝廷所颁订增修的法律条文已经汗牛充栋，一般官吏根本摸不着头绪；另一方面文采翩翩，也就是舞文弄墨的能力，已经取代了原先任官的行政司法标准，因此律令之学逐渐式微。据说这种状况严重到这样一个地步，到了曹魏篡汉的时候，朝廷必须设立"律博士"，专门负责保存法律知识，并为政府培训法律人才。虽然律令之学遭遇这种困境，不过，在政权快速轮替、社会逐渐转型的魏晋南北朝的三四百年间，律令之学却靠着几个法律世家传衍下来。除了博陵崔家和广平游家之外，在北朝最为著名并且备受礼遇的，还有清河崔家和渤海封家。

清河在今天山东省临清市附近，当地崔家从四世纪道武帝在位，到五世纪太武帝统治时，都有子弟参与朝廷建立制度的行动，其中最有名的，就是崔宏和他的儿子崔浩。父子两人为北魏修订律令，可说为鲜卑拓跋氏在中原的统治草创初基。渤海在今天河北省衡水市景县附近，当地封家也以法律专家辈出闻名。封回在灵太后主政时，曾经弹劾犯了通奸罪的皇族，因而声名大噪，备受称赞。他的一位女性同宗，嫁给了清河崔家的人，可以说是同行联姻。封女士的法学素养深厚，即使年老守寡的时候，仍有达官贵人到府访问，征询她在律令典章方面的意见。她也因此而被魏收写进《魏书》的《列女传》之中。封家另一位重要人物，就是前面提到的封君义。从他和窦瑗为了"容隐"议题针锋相对的辩论，以及他坚持法律条文的公平性和稳定性，就可以知道他的家学渊源，其来有自了。

以上介绍的这些河北和山东家族，都在魏晋南北朝纷乱的世代中，努力保存汉代以来的法学传统，并且直接影响了隋唐时代的刑律制度。当崔纂和游肇为刘辉案中的被告辩护时，他们可以说是以法律世家的背景，抗议皇权介入审判的过程。当时还有一位官员加入为被告辩护的行列，但是却没有提到政府部门的权责划分，也没有抗议皇权介入，那就是尚书元修义。元修义辩论的重点，在于引用《春秋》等古代儒家经典来证明：女性一旦结婚就应疏远和娘家的关系，加强夫家的认同。元修义是皇室的一员，具有草原游牧民族鲜卑人的血统，他引经据典析论儒家伦理的现象，说明了这个时候拓跋统治者汉化的程度。

虽然北魏的汉化运动到了孝文帝即位，也就是文明太后摄政的时代，才大张旗鼓地进行，但是，在拓跋鲜卑统治北方的历史上，其实从一开始就保存了部分汉人文明的遗产。自从北魏建国以来，几次修订律令和改革制度的行动，都十分仰赖汉代的政治传统，也经常参考魏晋和南朝的政治体制。前面提到的几位尚书官员，引经据典，言之凿凿，表达的尽是儒家的家族主义。显然在北魏修律的过程中，儒家的伦理思想受到重视，并且逐渐融入法典之中。刘辉的案子，发生在鲜卑汉化运动

第五章 牝鸡司晨？女人当家！

胡人俑

鲜卑本是五胡之一，属草原游牧民族。但在五世纪北魏孝文帝迁都洛阳并施行汉化政策之后，拓跋氏的宗室子弟也能引经据典分析儒家伦理，参与刘辉案讨论的尚书元修义就是一个例子

三十年之后，看起来应该没有什么疑义，却因为女性的家族认同，以及连带的处刑轻重问题，而引起轩然大波。可见，皇权在法律儒家化的过程中，究竟扮演什么角色、指引什么方针，其实是难以预测的。

鲜卑女性

皇权干预行政司法运作的例子，历来屡见不鲜，不过这次介入的皇权，来自一位女主。灵太后不是汉人而是胡人，她的祖父归降鲜卑，受赐封爵，已经在种族上表现了特殊性，她的女性身份，则又给皇权运作增添了性别的色彩。胡族加上女性，这两个因素合在一起代表什么意义，一直是研究中国中古史的学者好奇的问题。

五世纪中叶，刘宋的历史学家范晔，在写《后汉书·乌桓鲜卑列传》时，介绍了游牧民族乌桓和鲜卑的社会，他先说明乌桓的情况，然后表示两个民族的语言习俗相同。根据范晔的记载，鲜卑人逐水草放牧，居无定所。每一代的人各自推举勇敢强健，善于判断是非、处理斗讼的人为首领，并没有父死子继、世袭统治的制度。因此，鲜卑社会贵少而贱老，并且未必和父兄比较亲近。相反，由于男女成婚之后，女婿会先在妻子家中居住、劳动一两年，一般人反而和母亲以及她娘家的族人感情比较好。范晔又说，鲜卑人"计谋从用妇人，唯斗战之事乃自决之"，似乎女性才是运筹帷幄的枢纽人物，影响着男性是否能够决胜千里。

虽然，现代学者主张，范晔描绘的，可能是位于东部、比较靠近今天辽宁的慕容鲜卑，而非往北向西、在大兴安岭和呼伦贝尔附近的拓跋鲜卑。不过，拓跋妇女的政治影响力，在入主中原之前，就已有史为证，和范晔的认知差别并不大。四世纪初，当拓跋氏族仍在草原游牧的时期，一位贵族妇女在政治斗争中杀了她的侄儿，也就是在位的君主，而改立自己的儿子。之后的四年，她亲自主掌政权，当时人称为"女国"。四世纪中，拓跋的统治者什翼犍打算定都，却因遭太后王氏反对而作罢。王太后的理由是，拓跋自古以来以游牧为业，倘若筑城定居，万一敌人来犯，将丧失行动能力。北魏建国之后，太武帝计划征服柔然，内外朝臣大多不表赞同，只有崔浩支持皇帝的策略。由于太后窦氏站在群臣一方，大加阻止，太武帝只好请崔浩和群臣在太后面前辩论，以获得太后的出兵许可。由此看来，拓跋人似乎还保持了鲜卑"计谋从用妇人，唯斗战之事乃自决之"的遗风。

鲜卑原来的风俗，可能直接或间接地影响了北魏妇女的地位，乃至女性的政治权力。六世纪时从南方迁到北方居住的学者颜之推，就曾经根据他的亲身观察和体验，比较了南北妇女的差别。他说南方的妇女很少有社交活动，甚至结婚之后，和娘家也不大来往。亲家之间，有十几年不见面，只靠书信往还或互赠礼物来致意的。但是在北方，却全靠妇女当家。打官司、讨公道、拉关系、套交情等，都经常可以看见妇女的踪影。她们的车驾填满了街道，她们的衣裳充塞着官府。颜之推说北方的妇女"代子求官、为夫诉屈"，显然交游广阔而活力充沛。她们和丈夫谈话的时候，或者喊他的名字，或者直接称"你呀"，也不会用"夫君"或者是"您"之类尊敬的口吻或用语。颜之推不禁问："这难道是鲜卑风俗所造成的影响吗？"

可能是吧！不过，女性展现社交的偏好和能力，却不是鲜卑统治北方之后才出现的。四世纪东晋的学者葛洪和干宝，就曾经描绘妇女走出家门、走上街头的情形。不过，他们都带着谴责的口气。葛洪说当时的妇女"不绩其麻，市也婆娑。舍中馈之事，修周旋之好……登高临水，出境庆吊"。看起来，她们对于煮饭、缝衣等家务事比较没兴趣，倒是对参加婚丧喜庆和逛街郊游比较

妇好墓

妇好是商王武丁的王后，她的墓于1976年在河南安阳出土。其中陪葬品丰富而贵重，包括兵器和鼎器之类的国之重器，显示出她的地位崇高，并且参与战争行动和政务决策。有学者认为商代可能是母系社会，或者至少是双系并存。不过，秦汉帝国之后，父系继承确立，女性若要在政治上一展长才，大多得通过"太后摄政"的渠道。像鲜卑早期草原游牧时代，"计谋从用妇人"的情况，在汉人社会已不被视为常态

《虢国夫人游春图》

这幅画描绘了杨贵妃的姐姐虢国夫人游春的情况,表现出女性自在出游的风景。唐代女性的生活空间比较宽广,行动比较自由,一般认为胡风的影响功不可没。北齐时代的颜之推发现北方妇女交游广阔,和南方妇女大相径庭,也曾经推测:"这难道是鲜卑风俗所造成的影响吗?"

投入。干宝除了指责当时的妇女把所有分内的事情都丢给婢仆处理之外,甚至说她们"先时而婚,任情而动",放纵自己的爱欲情绪,因此既不会为淫佚的行为感到羞耻,也不会节制妒忌的恶德。更糟糕的是,她们的父兄并不加以纠正,而社会上一般人也觉得没什么大不了的。这么说来,颜之推在北方观察到的夫妻关系和妇女生活,在鲜卑统治之前,就有迹可循了。

女主政治

不论是汉末以来"社会风气败坏"的结果,还是鲜卑妇女参定计谋的习俗遗传,总之,在北魏的确出现了不折不扣的女主政治。但是,女性担任实质的统治者,并不是在北魏才首次登场的。汉高祖刘邦创立汉朝之后十多年就去世了,继任的惠帝身心健康出状况,不能亲政,刘邦的皇后、惠帝的母亲吕太后摄政,前后达十五年之久。东汉最后的一百年左右,连着几个皇帝都是年纪轻轻就驾崩,继位的小皇帝多半也是仰赖太后处理政务、维持政局、号令天下。其中和帝的皇后,也就是后来的邓太后,勤于政事又善于断狱,加上著名才女班昭的辅佐,以二十出头的年纪摄政,到她四十一岁去世,统治汉朝足足二十年。

今天的我们听到"太后摄政",可能想象一位老态龙钟的女人,颐指气使地独揽大权。其实,从汉代到唐代,一般来说,女性大约在十六岁到十九岁之间结婚,通常不到二十岁就做母亲了。假使皇帝年幼即位,太后也不过是二三十岁的人。对于才干出众且企图心旺盛的女性来说,正可有一番作为。但是,要面对群僚、安抚异议,或斗垮敌人,有时又需要仰赖娘家的男性亲属,于是外戚的力量难免高涨。精明的皇帝倘若对这种状况有所警觉,就会预先防范。例如,汉武帝年老得子,在立太子时,就先将太子的亲生母亲钩弋夫人处死,以防后患。曹丕篡汉,有鉴于东汉末年太后摄政、外戚掌权的历史教训,即位不久,将立皇后的前几天,便下诏痛批妇女参政,规定"群臣不得奏事太后,后族之家不得当辅政之任",要求曹魏日后的继承人遵行,如有违背的,"天下共诛之"。

北魏建国之初,其实也曾采取类似的措施。道武帝在位时,便仿效汉武帝的做法,一旦立太子,就杀死他的生母。道武帝的太子,也就是后来的明元帝,就曾经因自己"子贵母死"而痛不欲生。但是,当他自己做了皇帝,要立太子的时候,"为了顾全大局",依旧断然

第五章 牝鸡司晨？女人当家！

皇后玉玺

皇后"母仪天下"，也持有象征地位的玉玺。不过，汉魏以来，皇帝为了避免幼子继位，造成太后摄政、外戚专权的局面，因而采取各种防范措施，包括"立子杀母"的手段

处决了太子的生母，而让保母奶妈负责将未来的太武帝抚养长大。太武帝自己没了母亲，又十分感谢保母的养育之恩，即位之后，便尊保母为皇太后，成为历史记载中北魏的第一位皇太后！前面提到反对出兵柔然的窦氏，就是这位保母太后。太武帝的孙子文成帝，经历类似的人生苦境，想必深有同感，也如法炮制，尊自己的奶妈为皇太后。

以上两位保母奶妈，原本都是因丈夫犯罪，遭到连坐而入宫为奴婢，想不到碰上北魏皇室"立子杀母"，她们反而可以借由哺育太子而荣登宝座。这件事，六世纪初的南朝历史学家萧子显在撰写《南齐书》时，还特地拿出来批评一番，显然认为鲜卑胡虏"义近禽兽，非我族类"，似乎忘了拓跋皇帝"立子杀母"这一招是向汉武帝学的。倒是，最近历史学者仔细研读北魏历任皇后和太后的资料，发现鲜卑胡风与汉人礼制不同，既没有强烈的嫡庶观念，又因游牧民族收继婚俗的影响，继任皇帝未必将去世父皇的嫡妻视为母亲，也不一定以她为太后，反而常和亲手拉扯自己长大的女人，结成母子情谊。如此看来，也就难怪太武帝和文成帝一旦掌权，便尊立保母奶妈了！

窦氏借由抚养太子的情分，从奴婢跃升为太后，都能左右军国大事,那么名正言顺立为皇后的嫔妃,一旦因改朝换代而荣登太后宝座,只要有心,想必更能闯出一片天来。文成帝的皇后冯氏,因为继任的皇帝年幼,两度以太后名义摄政,历史上称为文明太后,就是绝佳的例子。

冯氏在丈夫文成帝驾崩后,靠着击败逆臣,趁机掌权,以太后之名临朝。然而,她和文成帝的长子,也就是继任的献文帝,既非亲生母子,又无照顾之情,难以获得支持,听政不久,就淡出了朝局。表面上的理由,是献文帝生了儿子,她要专心抚养,不过,从后来历史的发展推敲,她显然深谙鲜卑以母为尊的习俗,打算"超前部署"。冯氏抚养的这个孩子,就是后来的孝文帝,按照汉人的辈分算,他应该是冯氏的嫡孙,但孝文帝却视她为恩重如山的母亲,而史书的记载也显示,当时的朝廷大臣都将他俩看作母子。

关于北魏孝文帝的汉化政策,凡是读过中国史的人都耳熟能详,但是一般历史教科书中却很少提到最初的制度改革,它其实是由摄政的文明太后所推动进行的。文明太后在公元485到486年,任用亲信李冲等人,推行了一系列的政策,包括俸禄制、三长制和均田制,一步步地改变鲜卑传统的游牧领导模式,使得整个政治体制能够更有效地掌控华北汉人的农业社会。孝文帝对她的尊崇,让她的政治才华得以彰显,而她的努力,也为孝文帝后来的汉化政策以及北魏后期在中原的统治奠立了基础。

文明太后的崛起和政绩,想必引起了后世女性起而效尤之志。孝文帝的儿媳妇、宣武帝的妃子胡氏,也就是本书中的重要女主角灵太后,便是大叹"见贤思齐""有为者亦若是"的其中一人。而灵太后由发迹到专政,从宣武帝的胡妃晋升到孝明帝的太后,其中仰赖母亲角色的地方,不一而足。

灵太后的崛起与作为

根据《魏书》的记载,道武帝"立子杀母"的成规即使在宣武帝时仍具有相当的影响力。由于害怕"子贵母死"的下场,后宫嫔妃虽然希望怀孕生子,提升地位,却同时都祈祷,"愿生诸王、公主,不愿生太子",也就是最好自己所怀的胎不要第一个出生,如果第一个出生,最好不要是男孩。当胡氏身怀孝明帝时,后宫中同伴还拿过去的例子来警告她,劝她想想办法,显然建议她堕胎或弃婴。但《魏书》说,胡氏为保全皇室血脉,

和林格尔汉墓壁画之宴饮图

古人认为"人无饮食不亲"。宴饮的功能,除了享受美食和娱乐庆祝之外,又能通过排场表现主人的地位,有时则为政治协商提供轻松的气氛。本图所示,即墓主汉代护乌桓校尉款待宾客的宴饮场面。护乌桓校尉代表汉廷,负责管理北方辽东翼地区的少数民族事务,宴饮外宾的场合,想必具有多种功能。本书中的女主角,北魏女主灵太后,也曾利用宴饮的机会,企图与孝明帝修好

竟然在夜深人静的时候独自发誓："宁愿所怀的是男孩，并且第一个出生，好让皇帝有个太子，就算自己被处死，也在所不惜！"夜深人静，独自发誓，有谁会知道呢？这个故事恐怕也是胡氏自己透露出来的。

胡氏为了维持皇室的血脉，宁愿牺牲性命，这种形象显然有利于建立自己的地位。自孝明帝年幼即位，胡氏便以太后之名临朝称制，其中除了因为政变短暂失势外，十多年间，皆主掌大权，政由己出。孝明帝成年之后，他们的母子关系紧张，随时在爆发冲突的边缘，但她不时以母亲身份邀请孝明帝宴饮同游以示好，将亲恩与母权结合，并且发挥得淋漓尽致。

灵太后在制度上的作为，虽然不如文明太后影响深远，但她为女性出头的意志却相当明显。其中一项直接保护了在婚姻暴力中受害的女性的重要改革，便是因汝南王殴妻事件所引起。宣武帝的兄弟汝南王元悦，原本就个性不羁，不合礼法，自从交了号称修习神仙之术的狐朋狗友之后，便开始嗑药、断绝酒肉、不吃粟稻、谢绝女色，却转而喜好男色。他经常为小事对王妃发怒，甚至拿木棍捶挞殴打，把王妃当作婢女般使唤。有一次，汝南王外出，灵太后召见王妃问话，发现王妃挨打受伤，卧病在床，疮口还没有愈合。灵太后大怒，认为此事非同小可，于是下令：从此以后，凡是亲王诸侯的王妃，只要患病一百天以上，都要上报朝廷，禀告详情。未来如果还有捶挞王妃的情况，亲王一律削除封位。

灵太后嫁入皇室，假如按照儒家父系礼法的规范，她理应认同夫家，维护夫家成员的权益。然而，为了保护同样嫁入皇室的其他女性，她却下令禁止亲王胡作非为。这种命令，以现在的眼光来看，好像理所当然，并不稀奇。但若放在南北朝的时代，和其他男性统治者的态度相比，就可以看出灵太后作为女主的特殊性了。前面提到济南长公主的故事就是一个例子。长公主被妒忌的驸马卢道虔所杀，她的兄长，也就是在位的宣武帝，完全没有为她伸张正义的意思。反观灵太后，倒是一掌大权就采取行动，禁止驸马入朝为官，为小姑子报仇。不过，话又说回来，灵太后为了维护兰陵长公主，却要置张容妃和陈慧猛两个民妇于死地，看起来，她的女性意识显然带有阶级偏见的瑕疵。

🌸 武则天的改革

传统的历史学家在描写女主时，总是说她们"牝鸡司晨"。其实，女主的出现，常是政治制度、社会风气和个人性格等好几种因素共同作用的结果。晚近的学者不再只从"礼教沦丧"的角度评断她们，反而对她们在制度上的兴革建树大感兴趣。文明太后和灵太后的事迹，就这样被发掘了出来。如果我们以类似的角度，观察七世纪的女主武则天，就会发现，这位中国历史上唯一的女皇帝，虽然在弱肉强食的宫廷斗争中打压政敌，却也在改革制度的过程中流露出她的女性意识。

武则天十四岁入宫，先服侍唐太宗，太宗驾崩之后，靠着才色双全而得到继任者高宗的宠信。《旧唐书》说她"素多智计，兼涉文史"，可见她聪明之外，还颇有学问，加上高宗"多苦风疾"（有说是眩晕），因此将朝廷政务都委托她裁决处理。武则天一路从才人、昭仪，攀升到皇后、太后，乃至最后称帝，其中固然充满尔虞我诈的算计，却也不乏特立独行的创举。

武则天荣登皇后宝座当天，便接见群僚外宾和贵族妇女。不久之后，她返乡省亲，别开先例，单独宴饮女性乡亲，听取她们的意见，并赐予八十岁以上的地方妇女贵族爵位。她又将各级宫女曾经的名称，从性别意味（如"夫人""九嫔""美人""御女""采女"）变更为功能取向（如"赞德""宣仪""承旨""侍栉""侍巾"），企图提升妇女地位和形象。除此之外，武则天在称帝之前，还几度参加重要的国家祭典。

即皇后位不久，武则天便邀集官夫人和后宫女眷，一起举行先蚕仪式。祠先蚕始于汉代，与皇帝的籍田之礼配对，主要通过皇帝象征性地耕种和皇后祭拜先蚕神的典礼，来教导全国人民善尽男耕女织的责任。但先蚕礼其实甚少举行，即使在唐朝近三百年的统治当中，也只举行过八次，其中四次就是武则天在位时。

此外，几年之后，当唐高宗企图举办封禅大典时，武则天不但全力支持，而且据理力争，要求参加。封禅大典是通过到泰山祭拜的仪式，来表现帝国的繁荣强盛和对天地的感谢。这个典礼和一般的祭拜天地不同，必须在帝国极盛的情况下，皇帝才有资格封禅。在整个中国历史中，只举行过七次，而在唐高宗之前，曾经行此大礼的，有秦始皇、汉武帝、汉光武帝。在准备封禅大典时，武则天反对由皇帝祭天而宰相祭地的模式。她主张乾坤阴阳，男女共治，皇帝率领群臣祭天之后，应当由皇后引导后宫嫔妃和百官女眷一同祭地。很显然，武则天参加这些仪式，不只是在崇尚"男耕女织"或"谢天谢地"，而是企图将皇后的位分，乃至靠近权力核心的女性们，从后宫的私领域角色，推向政治活动的公领域之中。

蚕神书影

古代皇帝主持籍田礼，皇后则祭先蚕神，象征男耕女织，劝民农桑。不过，由于皇后居于被动地位，先蚕仪式其实很少举行。武则天为了增加女性在公领域的曝光率，四度举行先蚕礼，还邀请官夫人和后宫女眷一块儿参加

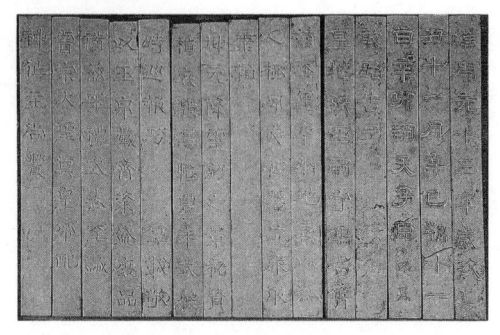

玉册：唐玄宗封禅

封禅大典是通过到泰山祭拜天地的仪式，来表现帝国的繁荣强盛和对天地的感谢。玉册上书写祭词，在祭拜之后埋入土中。汉武帝时封禅，由皇帝祭天而宰相祭地。但唐高宗封禅时，皇后武则天却主张乾坤阴阳、男女共治，因此皇帝祭天之后，应当由皇后率领后宫嫔妃和百官女眷祭地

在武则天的诸多改革中，和本书主题最为相关的，莫过于修正子女为母亲服丧的礼制。武则天即位为皇后二十年之后，在公元675年提出修改为母服丧的条款，将"父在为母"之丧，从"齐衰一年"改为三年。之后，又经过了十年的努力，才正式将子女为母亲服三年丧的规定纳入法律之中。虽然，子女为亡父服"斩衰三年"，为亡母只服"齐衰三年"，在所穿着的麻衣方面，仍然稍有尊卑之别，但是，这一制度性的改变，表彰了母亲的恩重如山，挑战了传统礼法中的绝对父权，具有多重和深远的影响。甚至当武则天的儿媳妇，也就是唐中宗的皇后韦氏，企图效法武则天取得政权时，也从母子关系上着墨。韦后请求皇帝准许"为出母终三年之丧"，也就是即使一个女人被丈夫休弃，当她去世时，子女仍然可以为她服丧三年。

前面说过，根据《仪礼·丧服》的规定，假若母亲去世时父亲仍活着，因为"尊父"，子女为过世的母亲，只能服"齐衰一年"之丧。只有当父亲去世之后再遭母丧，子女才得以为母亲服三年之丧。这其中最重要的理由，就是"父至尊"和"夫尊妻卑"的原则。北魏的"良吏"窦瑗，就曾经根据这个原则，主张子女可以包庇父杀母的罪状，却不得隐藏母杀父的事实。武则天的变革，显然有意提升母亲的地位。

至于被休弃离家的母亲，在传统的礼法观念中，根本是"绝族"之人，也就是和父亲的家族断绝了亲属的名分。而子女继承父亲的姓氏，仍然是父亲家中的人，站在父系家族的立场，他们和这位遭到休弃的母亲，当然也就变成没有关系的人了。这么一来，子女既不必，也不能为她服丧。韦后效法武则天，为弃妇亡母请求，一方面固然是为了拉拢天下人心，另一方面却也肯定了女性作为母亲本身的意义，不应该遭到父系礼法的削弱或钳制。

父在为母服三年丧的规定，在李唐皇室复辟、武则天驾崩之后，曾经一度遭到挑战。代表保守势力的官僚，将这些制度变革，当作女主的胡作非为，是礼教沦丧的表现，因此主张尊父崇夫以防堵妇权女主。唐玄宗即位七年之后，抵挡不住保守势力的反扑，下敕宣称：既然《仪礼》是周公所制定，就应当历代遵行。于是规定，子女不得为被休弃的亡母服丧，并且将父在为母的丧期，依照古礼，从三年改回一年。直到十三年后，由于各家丧服礼制不一，天下人民议论纷纷，才又将"父在为母"的丧期，改回武则天时代的规定：齐衰三年，并且在多年之后，重新认可了子女为出母服丧的情感需求。

自古以来，从皇亲国戚到平民百姓，从学者士绅到匹夫匹妇，似乎人人都承认母子情深、母恩当报。然而，倘若不是女主当朝，"父在为母"的丧期，乃至为出母服三年之丧的想法，是否有机会在历史上首次成为制度性规范，不无疑问。尽管，母权是不是女权的问题，至今仍有争论，然而，做母亲却是女性的特殊经历。女主倘若由自己的生命经历出发，以女性的角度重新看待父系礼法，对于其中"夫尊妻卑""父尊母卑"和"夫家认同"的各种原则，想必有不同的观感和态度吧！这么一想，不论是武则天改变丧服、灵太后维护公主，或是谢安夫人刘氏的不平之鸣"周公是男子，相为尔，若使周姥撰诗，当无此也"，似乎就不那么奇怪了。

余 论

中国法律社会史的名家瞿同祖，在1947年出版了一本经典之作《中国法律与中国社会》。在说明中国法律儒家化的过程中，他以"五服"为基准，勾勒出传统父系家族的范围，并且清楚说明妻子在这个家族中的法律地位。在他的描绘中，两千多年来儒家婚姻伦理法制化的结果，"夫尊妻卑"已毋庸置疑，妻子在父系家族中明显地处于卑弱的法律地位。不过，由于瞿同祖所用的史料，绝大多数属于宋元以后的文献，有些研究古代史的学者，就提出异议，认为汉代应该是一个"前儒家化"的社会。

截至目前，保存得比较完好的中国法典，最早的也只能推到唐代，所以当时瞿同祖主要就是利用唐律中的规定，来推测唐代之前婚姻伦理法制化的情形。如此一来，汉唐之间的数百年，也就是儒家伦理法制化的关键年代，以及女性法律地位变化的重要时期，都因为资料不足又零散，而显得相当模糊。

　　隋唐史的名家陈寅恪，在1944年时曾经发表一篇重要论文《隋唐制度渊源略论稿》。在谈到"刑律"制度的部分时，他追溯唐律在汉魏晋南北朝的渊源，旁征博引，细致推敲，展现了博学鸿儒的原创研究。然而，由于他是从法律世家的传承与发展来谈，而不是深入法律条文、案例或判决，完全没有涉及女性的法律地位这一类的问题。

　　这本小书以六世纪"刘辉殴主伤胎案"作为一个引子和范例，不仅是要检视汉唐之间法律儒家化（也可以说是儒家伦理法制化）的过程，也尝试通过零星残存的条文、案例和判决，来呈现汉唐之间法学和司法的传承状况。经过全书的铺陈与讨论，至少可以得到以下几个结论。

观察历史

　　首先，陈寅恪的鸿文，主要通过探讨法律机构的发展，来了解魏晋南北朝的刑律传统。这本小书则显示，除了法律机构之外，实际发生过的犯罪案件、相关辩论以及最后判决，也许更能表现法律世家子弟的知识和思想基础。这些法官不管是在辩论，还是在判案的时候，总是一再提起《仪礼·丧服》中的"五服"规定。"五服"最能表现古典儒家理想中的父系家族范围，以及这个家族之中各个成员的亲疏尊卑。崔纂在辩论中引用汉代"期亲相隐"的前例，以及晋初女性连坐责任的转变，都可以看出：拓跋鲜卑所建立的北魏政权，在法律思想和制度上，一定程度地继承了汉代以及魏晋以来的传统。这一发现，无疑为陈寅恪等前辈学者所讨论的法律史增加了重要的证据。

其次，儒家伦理法制化，似乎并非仰仗专制皇朝全心全意的推动。从这本小书的讨论可以知道，统治集团内部，在针对婚姻和家庭伦理的课题上，也常出现利益冲突和意见相左的情形。魏晋之际毌丘俭的案子便显示，"五服"之中要求已婚女性认同夫家，这种规范之所以会被列入裁判考虑，是因为当事人向权贵关说，请求救命，才引起当局注意，并不是由专制皇朝主导推行的。了解了这一点，对于儒家伦理法制化的过程中偶尔出现"倒退现象"，就不会太惊讶了。当儒家经典中所标榜的伦理思想和统治权威的利益相抵触的时候，专制皇朝就未必会全心全意地支持了，"刘辉殴主伤胎案"只是其中的一个例子。

最后，以妇女在刑案中的地位作为指标，可以看到所谓法律制度儒家化的过程是崎岖难行的，在北朝尤其如此。例如，对于性犯罪的惩处，各个政权标准不一，不仅因为涉案人士的贵族身份使然，也因为胡汉杂糅又分治的时代其实并没有一套获得共识的道德标准。在北朝治下的通奸罪嫌，不论已婚未婚、男女行辈，似乎都没有受到太严重的法律制裁。

至于婚姻暴力，夫妻之间的谋杀行为，一般而言，确实会受到严厉处分，但现存的案件也显示，南北政权对于夫妻之间相杀相伤的处置，并不完全相同。在南朝，妻子若伤害丈夫，受到的惩罚比一般人之间的伤害罪行来得重；而在北朝，却有丈夫因为意外杀妻而被处决的例子。此外，在南方，倘若母亲损坏了父亲的遗体，不论是否为了医学的理由，儿子只要不加阻止或知情不报，就会被视为不孝，而遭到弃市的处分。然而，在北方，经过激烈的辩论之后，朝廷仍旧决定给儿女一个比较宽广的空间，法律明文规定"容隐"，准许儿女对母亲杀父亲的行为三缄其口。

看起来，魏晋南北朝时期父系伦理法制化的情况，在性犯罪和婚姻暴力的案件中，比较不明显，但在连坐和容隐方面的裁判时，则比较清楚。至少在北方，以"五服"为准的父系家族伦理，比较常用来规范女性的"夫家认同",但比较少用在标榜"夫尊妻卑"的关系上。窦瑗主张"父尊母卑",认为儿女虽然可以隐藏杀母之父,却必须揭发杀父之母。然而,他的建议遭到朝廷搁置。如此看来,直到六世纪下半叶,分裂的魏晋南北朝即将结束之前,在北方,夫尊妻卑的伦理仍然未能完全成功地进入法律体系之中。

联想现代

其实,"刘辉殴主伤胎案"所涉及的,不论是通奸、婚姻暴力,或是女性的夫家认同,在古今中外的许多社会中,都是深刻而重要的议题。通奸,或说婚姻之外的性行为,究竟该不该受到法律制裁,制裁的程度是轻是重,每个社会的态度并不相同。一个社会主张通奸应该受罚,大概不外几个原因。西欧中古的基督教世界,相信身体是圣灵的殿堂,只有在神面前宣誓成婚的一对男女,才可以将自己的身体交给对方。因此,不论一个人是已婚还是未婚,也不论他通奸的对象是已婚还是未婚,只要不是夫妻,他们的性行为就应该受到处分。

古代中国的社会,也以刑事罪责惩处通奸,不过,对已婚和未婚的态度并不相同。前面说过,不论汉律或唐律，对于已婚女性和她的奸夫处罚都比较严重。一方面在理想上，人们相信婚姻之中包括了性爱贞洁的承诺，带有"舍你其谁"的意味。因此，一旦结婚的男女和配偶以外的人发生性行为，就违背了原先的约定。另一方面在现实中，通奸会混乱子嗣的血统，通奸妇女生下来的小孩，不确定父亲是谁，就会影响父系家族的继承。因此，已婚男性通奸虽也受罚，却不像已婚女性一样会影响双方的量刑。即使如此，汉唐法律对通奸都只处以徒刑，这和明清以后严惩淫妇、置之死地的情况比起来，似乎父权的程度还不明显。

不过，并不是所有的社会都以法律禁止婚姻之外的性行为。在日本、美国和一些欧洲国家，就没有所谓"通奸罪"。虽然在情感上或道德上，一般人并不容易接受配偶有其他的性伴侣，但并不是每个社会都诉诸刑罚，以"捉奸"的方式吓阻婚外性行为。台湾地区多年来也一直有人提议"通奸除罪化"，然而，其中的利弊得失，并不容易达成共识。直到最近，台湾地区才终于决定要以民事权责而非刑事罚则来处理通奸问题。

2020年5月，台湾地区宣布日后对于婚外性行为将完全以民事纠纷看待，通过损害赔偿、离婚和剩余财产分配等民事官司解决，不再诉诸刑罚。民众议论纷纷，其实不难理解。毕竟,一个女人若将一生心力贡献给婚姻和家庭,到头来如果不能以法律制裁丈夫的背叛,可能会痛心疾首吧!不过,一个男人如果真的非常在乎子嗣的血统,倒不必再以防堵妻子的奸情来保持血统纯正了,因为现在基因鉴定的科技进步,可以解决这方面的问题。这也是为什么以前"民法"规定女性离婚之后必须等上半年才可以再婚,修正之后就删除了这个条文。

男性为了确立自己的血统传承而不择手段,有时着实令人发指、毛骨悚然。古代匈奴有所谓"荡肠"的习俗,由于缺乏验孕等相关知识,为了确保生育的是自己的骨肉,男人在娶妻之后所生的头胎,一律处死,从第二个小孩才开始抚养。虽然,也有现代学者推测这可能和游牧民族杀首子的习俗有关,未必仅是担心血统问题,但传统汉人历史学家既然将"荡肠"视为先把妻子的肚子给清干净,就可以想见强烈的父系观念如何影响人们看待事物的角度了!最近,在东非研究大猿的演化生物学家,发现大猩猩也有类似的杀婴情形。而大猩猩的近亲黑猩猩,为了宰制配偶,取得两性关系中的主控权,则有"殴妻"的现象。有趣的是,只有在雌性结盟主导的社群,如巴诺布猿类之中,这种雄性暴力才有减缓削弱的趋势。

孟子说："人之异于禽兽者几希！"是邪？非邪？根据统计，台湾地区自1998年6月施行"家庭暴力防治法"以来，一年内就有超过三千五百件的案例，其中施暴者的男女比例为十九比一。单就台北市而言，家庭暴力暨性侵害防治中心每年接到超过六千通婚姻暴力的求助电话，平均每天就有十六位妇女来电求援……"家庭暴力防治法"的推动，和"民法"亲属编的修正一样，一向是妇女团体致力的焦点。前仆后继、屡败屡起的结果，直到世纪之交，终于开花结果。然而，徒法不足以自行，看起来，女性的人身安全、民众权益，乃至生命尊严，都还有改善的余地。

说到这里，似乎女主的课题不但为妇女史的研究者，也为今日的男男女女提供了重要的启示。读了文明太后、灵太后，乃至武则天的故事之后，不难发现，当我们讨论妇女在法律上的地位时，不能只是分析女性在各种条文和案例中的处境，也必须检讨女性运用法律的机会和参与立法的可能性。诚然，对于握有大权的女性，学者和一般人一样，永远都会争论：她们究竟有没有、有什么，以及有多少女性意识？尽管如此，女性想要改变命运，似乎总是得站上权力运作的枢纽位置。刘氏一语中的，问："何不让周婆制礼！"这或许正是历史给当今女性最重要的建议！

参考书目

[1] 王健文. 西汉律令与国家正当性——以律令中的"不道"为中心[J]. 新史学, 1992, 3(3): 1–35.

[2] 邢义田. 秦汉的律令学——兼论曹魏律博士的出现[J]. "中研院"历史语言研究所集刊, 1983, 54(4): 51–101.

[3] 邢义田. 秦或西汉初和奸案中所见的亲属伦理关系——江陵张家山二四七号墓《奏谳书》简180—196考论[C]. 柳立言. 传统中国法律的理念与实践. 台北:"中研院"历史语言研究所, 2008: 101–159.

[4] 李贞德. 西汉律令中的家庭伦理观[J]. 中国历史学会史学集刊, 1987, 19: 1–54.

[5] 李贞德.妇女在家庭与社会中的角色——欧洲中古妇女史研究[J].新史学,1993,4(2):121–143.

[6] 李贞德.汉隋之间的"生子不举"问题[J]."中研院"历史语言研究所集刊,1995,66(3):747–812.

[7] 李贞德.杰出女性、性别与历史研究——从克莉斯汀狄琵珊的故事说起[J].历史月刊,1999,163:65–71.收入王雅各.性属关系(下)"性别与文化、再现".台北:心理出版社,1999:1–15.

[8] 李贞德.汉魏六朝的乳母[J]."中研院"历史语言研究所集刊,1999,70(2):439–481.

[9] 李贞德.汉唐之间的女性医疗照顾者[J].台大历史学报,1999,23:123–156.

[10] 李贞德.女人的中国中古史——性别与汉唐之间的礼律研究[C].中國の歴史世界—統合のシステムと多元的發展.东京:汲古书院,2002:468–492.

[11] 李贞德.台湾女性司法人员的历史初探[J]."中研院"历史语言研究所集刊,2021,92(1).

[12] 陈弱水.初唐政治中的女性意识[C].邓小南.唐宋女性与社会.上海:上海辞书出版社,2003:

659—694.

[13] 陈寅恪. 隋唐制度渊源略论稿[J]. "中研院"历史语言研究所专刊, 1944. 收入陈寅恪先生论文集. 台北: "中研院"历史语言研究所, 1971.

[14] 陈惠馨. 亲属法诸问题研究[M]. 台北: 月旦出版社, 1993.

[15] 黄旨彦. 公主政治: 魏晋南北朝政治史的性别考察[M]. 台北: 稻乡出版社, 2013.

[16] 康乐. 从西郊到南郊: 国家祭典与北魏政治[M]. 台北: 稻禾出版社, 1995: 113—164.

[17] 刘欣宁. 秦汉律令中的婚姻与奸[J]. "中研院"历史语言研究所集刊, 2019, 90(2): 199—251.

[18] 刘增贵. 琴瑟和鸣——历代的婚礼[C]. 刘增贵, 蓝吉富. 中国文化新论宗教礼俗篇: 敬天与亲人. 台北: 联经出版公司, 1982: 414—472.

[19] 刘增贵. 魏晋南北朝时期的妾[J]. 新史学, 1991, 2(4): 1—36.

[20] 刘增贵. 汉隋之间的车驾制度[J]. "中研院"历史语言研究所集刊, 1993, 63(2): 371—453.

[21] 瞿同祖. 中国法律与中国社会[M]. 上海: 商务印书

馆，1947；台北：里仁书局，1982.

[22] 郑雅如. 中古时期的母子关系——性别与汉唐之间的家庭史研究[C]. 李贞德. 中国史新论·性别史分册. 台北：联经出版公司，2009：135-190.

[23] 郑雅如. 汉制与胡风：重探北魏的"皇后""皇太后"制度[J]."中研院"历史语言研究所集刊，2019，90（1）：1-76.

[24] 严耕望. 北魏尚书制度考[J]."中研院"历史语言研究所集刊，1948，18：251-360.

[25] 罗新. 陈留公主[J]. 读书，2005，1：126-134.

[26] Dull, Jack, "Marriage and Divorce in Han China: A Glimpse at 'Pre-Confucian' Society," in David C. Buxbaum ed., *Chinese Family Law and Social Change*, Seattle: University of Washington Press, 1978, pp. 23-74.

[27] Lee, Jen-der, "Conflicts and Compromise between Legal Authority and Ethical Ideas: From the Perspectives of Revenge in Han Times,"《人文及社会科学集刊》,1988,1(1), pp. 359-408.

[28] Lee, Jen-der, "The Life of Women in the Six Dynasties,"《妇女与两性学刊》, 1993, 4, pp. 47-80.

[29] Lee, Jen-der, "The Death of a Princess: Codifying Classical Family Ethics in Early Medieval China," in Sherry J. Mou ed., *Presence and Presentation: Women in the Chinese Literati Tradition*, New York: St. Martin's Press, 1999, pp. 1-37.

[30] Lee, Jen-der, "Querelle des Femmes? Les Femmes jalouses et leur contrôle au début de la Chine médiévale," édité par Christine Nguyen Tri et Catherine Despeux, *Éducation et instruction en Chine III. Aux marges de l'orthodoxie*, publications du Centre d'études chinoises. Paris/Louvain: Peeters, 2004, pp. 67-97.

[31] Wrangham, Richard & Peterson, Dale, *Demonic Males: Apes and the Origins of Human Violence*, Boston, MA: Houghton Mifflin,

1996. 中文译本参见[美]理查·蓝翰、[美]戴尔·彼德森:《雄性暴力——人类社会的乱源》,林秀梅译,台北:胡桃木文化事业有限公司,1999。

[32] 台湾妇女信息网专题: http://taiwan.yam.org.tw/womenweb/hvdraft/index.html.

图片出处

彩色图片

[1] 中国的朝代：从秦汉到隋唐，三民书局绘制。

[2] 南北朝初期形势图，三民书局绘制。

[3] 东晋《女史箴图》，《中华古文明大图集·世风》，台北：宜新文化，1992：7。

[4] 东晋《女史箴图》"同衾以疑"，《中国美术全集·绘画编·原始社会至南北朝绘画》，北京：人民美术出版社，1986：93。

[5] 北魏屏风漆画《列女古贤图》"有虞二妃"，《中国美术全集·绘画编·原始社会至南北朝绘画》，北京：人民美术出版社，1986：100。

[6] 秦法律竹简，《中华古文明大图集·颐寿》，台北：宜新文化，1992：37。

[7] 《唐律疏议》残片，《中华古文明大图集·社稷》，台北：宜新文化，1992：49。

[8] 武则天想象图，《中华古文明大图集·社稷》，台北：宜新文化，1992：41。

[9] 唐代戴帷帽骑马仕女泥俑，《中华古文明大图集·世风》，台北：宜新文化，1992：141。

[10] 宋《洗冤集录》清代附刊验尸图，《中华古文明大图集·颐寿》，台北：宜新文化，1992：56。

[11] 妻妾成群，作者提供。

其他图片

[1] 《东山携姬图》，明代郭诩绘，台北故宫博物院藏。

[2] 荆州古城，《中华古文明大图集·社稷》，台北：宜新文化，1992：102。

[3] 战马壁画，《中华古文明大图集·社稷》，台北：宜新文化，1992：140。

[4] 日斗禁炙，《中华古文明大图集·颐寿》，台北：宜新文化，1992：155。

[5]《女孝经图》,《中华古文明大图集·世风》,台北:宜新文化,1992:156。

[6]六经书影,《中华古文明大图集·文渊》,台北:宜新文化,1992:124。

[7]秦泰山刻石,《中华古文明大图集·文渊》,台北:宜新文化,1992:34。

[8]交欢石雕,《中华古文明大图集·颐寿》,台北:宜新文化,1992:243。

[9]《洛神赋图》,《中华古文明大图集·世风》,台北:宜新文化,1992:6。

[10]《女史箴图》"专宠渎欢",《中国美术全集·绘画编·原始社会至南北朝绘画》,北京:人民美术出版社,1986:93。

[11]木牛车,《中华古文明大图集·通市》,台北:宜新文化,1992:134。

[12]集市画像砖,《中华古文明大图集·通市》,台北:宜新文化,1992:7。

[13]文君当垆卖酒图,《中华古文明大图集·世风》,台北:宜新文化,1992:155。

[14]《唐律疏议》书影,《中华古文明大图集·社稷》,台北:宜新文化,1992:50。

[15] 东汉羊尊酒肆画像砖,《中华古文明大图集·通市》, 台北: 宜新文化, 1992: 43。

[16] 丝履,《中华古文明大图集·通市》, 台北: 宜新文化, 1992: 232。

[17] 晋持刀武士俑,《中华古文明大图集·社稷》, 台北: 宜新文化, 1992: 175。

[18]《洗冤集录》书影,《中华古文明大图集·颐寿》, 台北: 宜新文化, 1992: 55。

[19] 汉代陶俑,《中华古文明大图集·社稷》, 台北: 宜新文化, 1992: 205。

[20] 妇人乳儿俑, 贾瑞凯,《四川彭山汉代崖墓》, 北京: 文物出版社, 1991。

[21]《名堂仰伏脏腑图》,《中华古文明大图集·颐寿》, 台北: 宜新文化, 1992: 195。

[22]《北齐校书图》,《中华古文明大图集·颐寿》, 台北: 宜新文化, 1992: 47。

[23] 和林格尔汉墓壁画之举孝廉图,《中华古文明大图集·社稷》, 台北: 宜新文化, 1992: 42。

[24] 军阵中景,《中华古文明大图集·铸鼎》, 台北: 宜新文化, 1992: 12。

[25] 秦代竹简，《中华古文明大图集·文渊》，台北：宜新文化，1992：45。

[26] 汉文帝孝亲图，（清）瞿中溶校，《校正今文孝经二十四孝考〈附廿四孝图前后说〉》。

[27] 敦煌石室中的唐人"放妻书"残片，敦煌卷子编号55578。

[28] 北魏奴童俑，《中华古文明大图集·社稷》，台北：宜新文化，1992：248。

[29] 汉陶兵马俑，《中华古文明大图集·社稷》，台北：宜新文化，1992：139。

[30] 历代帝王像，《中华古文明大图集·社稷》，台北：宜新文化，1992：204。

[31] 胡人俑，《中华古文明大图集·始祖》，台北：宜新文化，1992：251。

[32] 妇好墓，《中华古文明大图集·社稷》，台北：宜新文化，1992：120。

[33]《虢国夫人游春图》，《中华古文明大图集·世风》，台北：宜新文化，1992：7。

[34] 皇后玉玺，《中华古文明大图集·社稷》，台北：宜新文化，1992：35。

[35] 和林格尔汉墓壁画之宴饮图,《中华古文明大图集·社稷》,台北:宜新文化,1992:274。

[36] 蚕神书影,《中华古文明大图集·神农》,台北:宜新文化,1992:271。

[37] 玉册:唐玄宗封禅,《中华古文明大图集·神农》,台北:宜新文化,1992:93。